乡村振兴中的创新创业突围：县域经济数字化转型与特色产业培育

王 娅◎著

中国商业出版社

图书在版编目（CIP）数据

乡村振兴中的创新创业突围 ： 县域经济数字化转型与特色产业培育 / 王娅著. -- 北京 ： 中国商业出版社，2025. 7. -- ISBN 978-7-5208-3544-2

Ⅰ. F127

中国国家版本馆 CIP 数据核字第 2025F6P416 号

责任编辑:王　静

中国商业出版社出版发行
（www.zgsycb.com　100053　北京广安门内报国寺 1 号）
总编室: 010-63180647　编辑室: 010-83114579
发行部: 010-83120835/8286
新华书店经销
河南印通盛世印务有限公司印刷
*
787 毫米 ×1092 毫米　16 开　10 印张　203 千字
2025 年 7 月第 1 版　2025 年 7 月第 1 次印刷
定价: 68.00 元
* * * *
（如有印装质量问题可更换）

前　言

乡村振兴是实现中华民族伟大复兴的一项重大任务，也是推动城乡融合发展、实现区域协调发展的关键举措。在新时代背景下，乡村振兴不仅需要政策的支持，更需要通过创新创业激发内生动力，通过数字化转型赋能传统产业，通过特色产业培育实现经济的高质量发展。县域经济是乡村振兴的重要载体，其转型与升级直接关系到乡村振兴的成效。因此，如何通过数字化转型与特色产业培育实现县域经济的突围，成为当前亟待解决的重要课题。

本书以“乡村振兴中的创新创业突围”为主题，聚焦县域经济数字化转型与特色产业培育，旨在为乡村振兴提供理论支撑与实践指导。全书共八章，从乡村振兴与创新创业的时代背景出发，系统阐述了县域经济数字化转型的理论基础与实践路径，深入探讨了特色产业的识别、培育与数字化赋能的策略，并结合创新创业生态系统的构建、金融支持与资本运作的创新模式，提出了乡村振兴与可持续发展的未来展望。

第一章分析了创新创业在乡村振兴中的核心作用，并指出了县域经济数字化转型的必然趋势。第二章从理论层面探讨了数字化转型的基本概念与内涵，分析了县域经济数字化转型的关键要素及数字化对传统产业的重构与升级作用。第三章聚焦县域特色产业的识别与培育，提出了基于资源禀赋的特色培育路径与策略。第四章至第六章是本书的核心内容，重点探讨了数字化赋能县域特色产业的路径、创新创业生态系统的构建以及县域经济数字化转型的实践探索。第四章通过分析数字化技术在农业生产中的应用、数字化推动产业链协同与优化、数字化助力品牌建设与市场拓展等，为县域经济的数字化转型提供了具体可行的解决方案。第五章介绍了县域创新创业生态系统的构成，强调了政府、企业与社会协同的重要性，提出了创新创业支持政策的优化与创新。第六章聚焦县域经济数字化转型的实践探索，分析了数字化基础设施建设与优化、数据资源整合与共享机制及数字化人才的培养与引进。第七章聚焦乡村振兴中的金融支持与资本运作，分析了金融支持乡村振兴的政策框架，探讨了县域特色产业的融资模式创新以及社会资本参与乡村振兴的路径。第八章展望了乡村振兴与可持续发展的未来，提出了数字化转型与绿色发展的融合路径，探讨了乡村振兴的长效机制建设，并描绘了创新创业推动县域经济高质量发展的愿景。

本书的写作初衷是为乡村振兴与县域经济转型提供理论和实践相结合的参考指南。写作过程中力求以通俗易懂的学术语言，将复杂的理论问题与实践路径清晰地呈现给读者。希望本书能够为政府决策者、企业管理者、学术研究者以及关心乡村振兴的各界人士提供有益的启示，共同推动乡村振兴与县域经济的高质量发展。最后，感谢所有为本书写作提供支持与帮助的同行、朋友和家人。

作者

2025年4月

目　录

第一章　乡村振兴背景下的创新创业

乡村振兴与创新创业是当代中国经济社会发展的重要议题，也是全面建设社会主义现代化国家的关键环节。全球化进程的加速和数字技术的迅猛发展使乡村地区正面临着全新的机遇与挑战。城乡发展不平衡、农业现代化进程中的瓶颈、乡村人才流失等问题，亟须通过系统性、创新性的战略加以应对。乡村振兴战略的提出不仅是对传统农村发展模式的深刻反思，更是新时代背景下推动城乡融合发展、实现共同富裕的重要举措。创新创业是推动经济增长和社会进步的核心动力，在乡村振兴中扮演着不可或缺的角色。通过科技创新、模式创新和产业升级，乡村经济得以焕发新的活力，传统农业向智慧农业转型，乡村特色产业与文旅融合蓬勃发展。县域经济是连接城乡的重要纽带，其数字化转型也成为不可逆转的趋势。数字技术的广泛应用为县域经济注入了新的动能，推动了传统产业的升级与乡村治理的现代化。

本章旨在探讨创新创业在乡村振兴中的核心作用，并分析县域经济数字化转型的必然趋势。通过对政策背景、实践探索与未来展望的深入探讨，试图为读者提供一个全面的理论框架和实践路径，以期为乡村振兴背景下创新创业的研究和实践提供有益的参考。

第一节　创新创业在乡村振兴中的核心作用

科技的飞速发展和全球化进程的加速推进使乡村地区面临着全新的发展机遇与挑战。传统的农业生产方式已难以满足现代社会的需求，乡村经济的转型升级势在必行。而创新创业正是实现这一转型的关键所在。通过引入新技术、新模式和新业态，创新创业能够打破传统束缚，推动乡村经济向多元化、智能化和高效化方向发展。本节将深入探讨创新创业在乡村振兴中的核心作用，从激发乡村经济活力、推动产业结构优化升级、促进人才回流与可持续发展等多个维度进行剖析，还将关注乡村创新创业的主要领域，如农业科技创新与智慧农业、乡村特色产业与品牌建设、乡村文旅融合与生态经济等，以期为读者呈现一个全面而深入的视角。本节还将通过一系列实践案例的分析，总结创新创业在乡村振兴中的成功经验与挑战，探讨政策支持与社会协同在推动乡村创新创业中的重要作用。这些案例不仅展示了创新创业在乡村地区的广阔前景，也为未来的实践提供了宝贵的借鉴与启示。

一、创新创业对乡村振兴的意义

（一）激发乡村经济活力的关键动力

创新创业为乡村引入全新的产业形态和商业模式，打破传统农业经济的单一性。传统乡村经济多依赖于种植、养殖等初级产业，产品附加值低，市场竞争力有限，而创新创业活动能够挖掘乡村独特的资源优势，如自然风光、民俗文化、特色农产品等，将其转化为旅游、文创、电商等多元产业。一些乡村凭借优美的田园风光，开发乡村旅游项目，吸引城市游客前来体验农事、休闲度假，不仅增加了当地居民的收入，还带动了餐饮、住宿等相关产业发展，形成新的经济增长点。电商的兴起让乡村特色产品能够直接对接全国乃至全球市场，拓宽销售渠道，提升产品知名度和市场份额，极大地激活了乡村经济发展潜力。

创新创业还推动乡村产业融合发展，提升产业附加值和竞争力。通过创新思维和创业实践将一二三产业有机融合，实现农业产业链的延伸和拓展。以农产品加工为例，对农产品进行深加工，不仅能减少农产品损耗，还能增加产品附加值。从简单的农产品粗加工到生产高附加值的休闲食品、保健品等，实现了从“田间”到“舌尖”的价值提升。产业融合还能促进乡村产业多元化发展，形成集生产、加工、销售、服务于一体的产业体系，增强乡村经济的抗风险能力。

创新创业是激发乡村经济活力的关键动力，在丰富产业形态、吸引人才、推动产业融合等方面发挥着不可替代的作用，只有持续鼓励和支持乡村创新创业，才能为乡村振兴注入源源不断的动力，实现乡村经济的繁荣发展。

（二）推动乡村产业结构优化升级

创新创业打破了乡村传统产业的固有格局，促使乡村产业从单一的农业生产向多元化、现代化方向转变。乡村产业结构过度依赖农业种植和养殖，不仅经济效益有限，还面临着自然风险和市场波动的双重挑战。创新创业活动则为乡村产业发展开辟了新路径，通过引入新的技术、理念和商业模式，挖掘乡村潜在资源，催生了乡村旅游、农村电商、特色农产品深加工等新兴产业。这些新兴产业的兴起丰富了乡村产业类型，拓展了乡村经济发展空间，改变了乡村产业结构单一的局面，增强了乡村经济的抗风险能力。

创新创业推动农业生产向专业化、规模化、标准化迈进，提升农业产业竞争力。传统农业生产方式分散、规模小、技术含量低，难以满足市场对农产品品质和数量的需求。创新创业主体凭借先进的农业技术和管理经验，通过土地流转、合作经营等方式整合农业资源实现农业生产的规模化和集约化，一些农业科技企业引入无人机植保、智能灌溉、精准施肥等现代化技术，提高了农业生产效率和农产品质量，降低了生产成本，创新创业还推动农产品品牌建设，通过标准化生产和品牌营销提升农产品附加值和市场知名度，使乡村农业在激烈的市场竞争中占据一席之地。

创新创业促进了乡村一二三产业融合发展，延伸了农业产业链，提升了产业附加值。产业融合是乡村产业结构优化升级的重要方向，创新创业则是实现产业融合的关键纽带。通过创新创业，将农业生产与农产品加工、销售以及农村服务业有机结合起来，形成完整的产业链条。比如，以特色农产品为基础，发展农产品深加工产业，将农产品转化为高附加值的食品、工艺品等；借助农村电商平台，拓宽农产品销售渠道，实现农产品从田间到餐桌的直接对接；利用乡村自然风光和民俗文化，发展乡村旅游、休闲农业等服务业，让游客在体验乡村生活的同时，带动餐饮、住宿、农产品销售等相关产业发展。这种产业融合发展模式不仅提高了农业产业的综合效益，还为农民创造了更多的就业机会和增收渠道。

创新创业是推动乡村产业结构优化升级的强大引擎，在丰富产业业态、提升农业竞争力、促进产业融合等方面发挥着不可替代的作用。只有持续鼓励和支持乡村创新创业才能不断优化乡村产业结构，实现乡村经济的可持续发展，为乡村振兴战略目标的实现奠定坚实的基础。

（三）促进乡村人才回流与可持续发展

创新创业为乡村搭建了广阔的发展平台，成为吸引人才回流的强磁场。乡村发展机会匮乏，基础设施薄弱，大量青壮年劳动力为寻求更好的发展机遇背井离乡，致使乡村人才流失，发展一度陷入停滞。而创新创业浪潮的涌起为乡村带来了全新的机遇。蓬勃发展的农村电商，让乡村特色产品走向全国市场；充满活力的乡村旅游深度挖掘乡村自然风光与民俗文化。这些新兴产业为有识之士提供了施展才华的舞台，无论是掌握现代信息技术的大学生，还是积累丰富经验的外出务工人员，都能在乡村找到契合自身专长的创业方向，实现个人价值与社会价值的统一，进而吸引他们回归乡村。

回流人才凭借其带回的新理念、新技术和新资源，为乡村创新创业注入活力，推动乡村可持续发展。大学生创业者凭借扎实的专业知识，将大数据、人工智能等前沿技术引入农业生产，实现精准种植、智能养殖，极大地提高农业生产效率与质量。外出务工返乡人员则凭借在城市积累的商业经验和人脉资源，搭建农产品销售渠道，开拓乡村旅游市场，带动乡村产业多元化发展。他们的加入不仅优化了乡村人才结构，还激活了乡村创新创业氛围，形成示范效应，吸引更多人才投身乡村建设，形成人才会聚的良性循环，为乡村可持续发展提供智力支撑与人力保障。

创新创业驱动的人才回流还有助于传承与创新乡村文化，进一步夯实乡村可持续发展的根基。乡村文化是乡村的灵魂所在，承载着丰富的历史记忆与民俗风情。回流人才在创新创业过程中，注重对乡村传统文化的挖掘与传承，将传统手工艺、民俗活动等与现代产业相结合，开发出具有文化内涵的特色产品与旅游项目。如传统竹编工艺与创意设计结合，成为备受欢迎的文创产品；古老的乡村庙会融入现代旅游元素，吸引大量游客。这既保护和传承了乡村文化，又为乡村产业发展增添文化魅力，拓展了发展空间，使乡村在经济发展的同时，保持独特的文化底蕴，实现物质文明与精神文明协同共进，为乡村可持续发展注入持久动力。

创新创业通过吸引人才回流为乡村带来新的发展活力，人才与创新的双重驱动下推动乡村经济、文化等多个方面可持续发展。持续推动乡村创新创业是实现乡村振兴宏伟目标的必由之路①。

二、乡村创新创业的主要领域

（一）农业科技创新与智慧农业

农业科技创新与智慧农业的核心在于现代信息技术的深度融合与应用。物联网技术的引入，使得农业生产过程中的各个环节得以实时监控与精准管理。通过传感器网络土壤湿度、温度、光照强度等关键参数被实时采集与分析为精准施肥、灌溉提供了科学依据，无人机技术的广泛应用更是将农业生产的精准度提升到了新的高度，无论是精准喷洒农药、化肥，还是进行作物生长监测，都展现出了全新的效率与精准度。

大数据技术的运用则为农业生产提供了更为广阔的市场洞察与决策支持。通过对历史产量、市场需求、农产品价格等数据的深度挖掘与分析，农业生产者能够更准确地把握市场动态，制定更为科学的种植与销售策略。这种基于数据的决策方式不仅降低了农业生产的风险，更提高了农产品的市场竞争力与附加值。

人工智能技术的创新应用则为智慧农业的发展注入了新的活力。通过机器学习算法农业生产过程中的病虫害识别、作物生长周期预测等难题得以有效解决。这些智能技术的应用不仅提高了农业生产的智能化水平，更降低了人力成本，提升了农业生产效率。

农业科技创新与智慧农业的发展不仅提高了农业生产的效率与效益，也推动了农业产业的转型升级。通过引入新技术、新模式，农业生产逐渐从传统的粗放式向精细化、智能化方向转变。这种转变不仅提升了农产品的品质与附加值，也促进了农业产业链的延伸与拓展，为乡村经济的多元化发展提供了有力支撑。

（二）乡村特色产业与品牌建设

乡村特色产业的形成与发展离不开对乡村资源和文化特色的深入挖掘及合理利用。每个乡村都拥有其独特的自然资源、生态环境、历史传承与民俗文化，这些元素构成了乡村

① 于仪．乡村振兴战略背景下创新创业型农业人才培养研究［J］．粮油与饲料科技，2025（1）：134-136.

特色产业发展的坚实基础。通过科学规划与精心布局可以将这些资源转化为具有市场竞争力的特色产业，如特色农产品种植、手工艺品制作、乡村旅游开发等。这些产业的兴起不仅丰富了乡村经济结构，更为乡村居民提供了更多的就业机会与收入来源。

品牌建设是乡村特色产业持续发展的关键所在，通过注册商标、建立品牌形象、加强市场营销等手段可以显著提升农产品的知名度和附加值，增强市场竞争力。一个成功的品牌，通常能够赋予产品独特的文化内涵与价值认同，从而吸引更多消费者的关注与青睐。品牌建设过程中应注重产品质量与服务的提升，确保品牌形象的稳定与持久。

乡村特色产业与品牌建设的过程也是乡村文化传承和发展的过程。通过挖掘与展示乡村文化的独特魅力可以激发乡村居民的文化自豪感和归属感，促进乡村文化的传承与创新，特色产业的发展也为乡村文化的传播提供了更广阔的舞台，使乡村文化得以在更广泛的范围内得到认知与认同。

乡村特色产业与品牌建设的成功实施将极大提升乡村的整体形象和吸引力。一个拥有鲜明特色与知名品牌的乡村，通常能够吸引更多的游客、投资者与关注者，从而带动乡村经济的全面发展。乡村特色产业与品牌建设还有助于改善乡村生态环境、提升乡村居民生活质量，为乡村的可持续发展奠定坚实的基础。

（三）乡村文旅融合与生态经济

乡村文旅融合是指将乡村的自然景观、人文资源与旅游资源进行有效整合，通过发展乡村旅游、民宿、农家乐等产业，推动乡村经济的多元化发展。在这一过程中，乡村的独特魅力得以充分展现，如古朴的村落风貌、丰富的民俗文化、优美的自然风光等，都成为吸引游客的重要因素。通过提升旅游服务质量、优化旅游设施、丰富旅游产品等方式可以进一步提升乡村旅游的吸引力与竞争力，为乡村居民提供更多的就业机会与收入来源。

生态经济强调在经济发展过程中注重生态保护与环境治理，实现经济发展与生态环境保护的良性循环。在乡村地区，发展绿色经济和循环经济是实现生态经济的重要途径。通过推广生态农业、清洁能源利用、垃圾分类与资源回收等措施可以减少对自然资源的过度开发和环境污染，促进乡村经济的可持续发展。结合乡村特色资源，发展生态旅游、绿色农产品加工等产业，也可以实现经济效益与生态效益的双赢。

乡村文旅融合与生态经济之间存在着紧密的互动和协同关系。乡村旅游的发展可以促进乡村生态环境的保护与改善，通过提升游客的环保意识与行为，推动乡村绿色生活方式的形成；生态经济的发展也为乡村旅游提供了更为丰富的资源与更优质的生态环境，提升了乡村旅游的品质与吸引力。这种互动与协同关系使乡村文旅融合与生态经济成为推动乡村全面振兴的重要力量。

推动乡村文旅融合与生态经济发展的过程中，政策引导与社会参与发挥着非常重要的作用。政府应出台相关政策措施，如提供财政补贴、税收优惠、技术支持等，以鼓励和支持乡村文旅融合与生态经济的发展。加强与社会各界的沟通和合作，引导社会资本投入乡村文旅融合与生态经济领域，形成政府引导、市场主导、社会参与的多元共治格局。

三、乡村创新创业的实践案例

（一）成功案例分析与经验总结

在乡村振兴战略的背景下，江西吉安西元村“百美村宿”项目以其独特的创新模式和显著的成效，成为乡村旅游与民宿产业融合发展的典范。该项目通过引入社会资本和先进理念，成功地将乡村资源和文化特色转化为乡村旅游的吸引力，带动了乡村经济的转型升级和农民的增收。“百美村宿”项目的成功得益于其对乡村资源和文化特色的充分利用，西元村拥有丰富的自然景观和人文资源，包括优美的山水风光、古朴的村落风貌和丰富的民俗文化。项目团队通过科学规划与精心布局，将这些资源有效地整合到乡村旅游产品中，打造了一系列具有地方特色的乡村旅游线路和民宿产品。该项目注重挖掘乡村文化的内涵和价值，通过举办各种民俗活动和节庆活动，增强了游客对乡村文化的体验和认知。该项目在生态保护和环境治理方面也取得了显著成效。项目团队在开发乡村旅游的过程中始终坚持绿色发展理念，注重保护乡村生态环境和自然景观。通过实施垃圾分类、污水处理等环保措施，该项目不仅提升了乡村旅游的品质和形象，还为乡村居民创造了更加宜居的生活环境。该项目通过发展生态农业和绿色旅游，实现了经济效益和生态效益的双赢。该项目注重提升乡村旅游的服务质量和水平，项目团队通过培训和教育提高了乡村居民的服务意识和技能水平，为游客提供了更加周到和贴心的服务。该项目还加强了与旅游企业和旅行社的合作，拓宽了乡村旅游的市场渠道和客源基础，进一步提升了乡村旅游的知名度和影响力。

安徽黄山碧山村猪栏精酿项目则是特色农产品加工业品牌化与市场化发展的成功案例。该项目利用当地的风土作物和原材料，发展特色农产品加工业，成功打造了具有地方特色的农产品品牌，提高了农产品的市场竞争力和附加值。猪栏精酿项目的成功在于其对乡村资源和文化特色的深入挖掘。碧山村拥有丰富的农产品资源和独特的酿造工艺，该项目团队通过调研和考察，将这些资源和工艺有效地整合到农产品加工业中打造了一系列具有地方特色的精酿啤酒产品。该项目注重挖掘乡村文化的内涵和价值，通过品牌故事的讲述和品牌形象的塑造增强了消费者对农产品的认知和认同。该项目在产品质量和品牌建设方面也取得了显著成效，项目团队注重提升农产品的品质和口感，通过优化生产工艺和质量控制体系确保了农产品的质量和安全。该项目还加强了品牌建设和市场营销力度，通过线上线下相结合的方式拓宽了农产品的销售渠道和市场空间，项目团队通过参加各种展会和品鉴活动提高了农产品的知名度和美誉度，吸引了更多消费者的关注和购买。[①]

（二）创新创业面临的挑战

乡村创新创业通常面临着资金投入不足的问题。由于乡村地区经济发展水平相对较低，资本市场发育不完善，导致乡村创新创业项目难以获得足够的资金支持。乡村地区的金融机构较少，金融服务体系不健全使得乡村创新创业者在融资过程中面临诸多困难。政府应加大对乡村创新创业的资金支持力度，通过设立专项基金、提供贷款贴息等方式，降低乡村创新创业者的融资成本；应鼓励社会资本投入乡村创新创业领域，拓宽融资渠道，形成多元化的融资体系；还可以探索建立乡村创新创业的投融资平台，为乡村创新创业者提供更加便捷、高效的融资服务。

由于乡村地区基础设施相对落后，生活条件有限，难以吸引和留住高素质的人才，乡村创新创业者通常缺乏必要的技能和知识，难以适应市场竞争的需求。政府应加大对乡村创新创业人才的培养和引进力度，通过举办培训班、提供创业指导等方式提升乡村创新创业者的技能和素质，应鼓励高校毕业生、返乡农民工等群体到乡村创新创业，为他们提供政策支持和服务保障，还可以建立乡村创新创业的人才库，为乡村创新创业项目提供人才储备和智力支持。

乡村创新创业在技术方面通常存在瓶颈，缺乏先进的技术和创新能力，这导致乡村创新创业项目在产品质量、生产效率等方面难以与市场竞争者相抗衡。政府应加大对乡村创新创业的技术支持力度，通过引进先进技术、推广科技成果等方式，提升乡村创新创业的技术水平；鼓励乡村创新创业者加强技术创新和研发，提高产品的附加值和竞争力；还可以建立乡村创新创业的技术服务平台，为乡村创新创业项目提供技术咨询、技术转让等服务。

乡村创新创业还面临着市场风险、政策风险和自然风险等多重风险。市场风险主要体现在市场竞争激烈、消费者需求变化等方面，政策风险主要体现在政策调整、政策不确定性等方面，自然风险则主要体现在自然灾害、生态环境恶化等方面。政府应加强对乡村创新创业的风险管理和防控，通过完善相关法律法规、提供风险预警和应对机制等方式降低乡村创新创业者的风险成本；鼓励乡村创新创业者加强市场调研和风险评估，提高应对市场变化和政策调整的能力；还可以建立乡村创新创业的风险保障基金，为乡村创新创业项目提供风险保障和资金支持。

① 杨晓．乡村振兴战略背景下陕南地区农民创业机制优化研究 [J]. 山西农经，2022（19）：107-109，140.

（三）政策支持与社会协同的作用

政策支持是乡村创新创业的基石，为其提供坚实的制度保障与资源支撑。政府通过出台系列优惠政策，为创新创业主体降低门槛、减轻负担，激发其积极性与创造力。财政扶持方面设立专项基金，为乡村创新创业项目提供资金支持，涵盖农业科技研发、农产品加工升级、乡村旅游开发等领域，解决创业者资金短缺的燃眉之急。税收优惠政策也不可或缺，对乡村创新创业企业减免相关税费，降低运营成本，提高盈利空间，增强市场竞争力，土地政策向乡村创新创业倾斜，合理规划和保障项目用地需求，确保产业发展有足够的空间。

政府通过制定产业规划，明确乡村重点发展产业方向，引导创新创业资源合理配置，避免盲目投资与同质化竞争。通过鼓励发展特色农业、生态农业，推动农业与旅游、文化等产业融合，为创新创业指明路径，促进乡村产业结构优化升级；致力于完善乡村基础设施建设，改善交通、通信、水电等条件，补齐乡村发展短板，提升乡村创新创业的硬件水平，增强乡村对人才、技术、资金等要素的吸引力。

社会协同是乡村创新创业的强大助力，汇聚各方力量形成发展合力。企业是市场主体，凭借资金、技术、管理等优势参与乡村创新创业，与乡村资源实现优势互补。农业企业投入资金建设现代化农业生产基地，引入先进技术和设备，提高农业生产效率与质量；电商企业搭建销售平台，帮助乡村特色产品打开市场，拓宽销售渠道。高校和科研机构则发挥人才培养与科研创新优势，为乡村创新创业提供智力支持，通过开展产学研合作将科研成果转化为实际生产力，推动乡村产业技术升级，培养输送专业人才，为乡村创新创业提供新鲜血液。

社会组织在乡村创新创业中也扮演着重要角色。行业协会规范行业秩序，加强行业自律，促进乡村创新创业企业间的交流与合作，共同应对市场风险。公益组织通过开展培训、咨询等服务，提升农民创新创业能力与素质，激发乡村内生动力。志愿者组织深入乡村为创新创业项目提供志愿服务，助力乡村发展。

政策支持与社会协同在乡村创新创业中相辅相成，政策支持为社会协同提供方向指引与制度保障，激发社会力量参与热情；社会协同则丰富了政策实施的路径与手段，使政策落地更具实效。两者共同发力为创新创业在乡村振兴中发挥核心作用提供全方位保障，推动乡村经济繁荣、社会进步，实现乡村全面振兴的宏伟目标。①

① 淦宇杰．乡村振兴战略背景下的乡村创新创业研究 [J]. 理论探索，2021（6）：99–106.

第二节　县域经济数字化转型的必然趋势

数字经济时代的来临不仅改变了人们的生活方式，也重塑了经济发展的格局。全球范围内，数字化转型已成为推动产业升级、提升经济竞争力的核心战略。此背景下，县域经济是连接城乡、辐射乡村的重要纽带，其数字化转型不仅是对外部挑战的积极响应，更是内部发展需求的迫切呼唤。面对传统产业转型升级的压力、资源环境约束的加剧以及社会治理现代化的要求，县域经济亟须通过数字化转型寻找新的增长点，实现高质量发展。县域经济数字化转型并非一蹴而就的事情，它需要政府、企业、社会等多方面的共同努力与协同推进。从数字基础设施的建设与普及，到传统产业的数字化改造与升级，再到数字技术与乡村治理的深度融合，每一步都充满挑战与机遇。县域经济数字化转型的实践探索也呈现出多样化的特点，不同地区根据自身资源禀赋、产业基础和发展需求，探索出各具特色的转型路径与模式。本节将围绕县域经济数字化转型的必然趋势与主要路径，结合典型县域的实践案例，深入分析数字化转型中的机遇与挑战，并展望未来的发展方向与策略。通过这一探讨期望能够揭示县域经济数字化转型的内在规律与成功经验，为更多地区提供参考与借鉴，共同推动县域经济迈向高质量发展的新阶段。

一、县域经济数字化转型的背景与动因

（一）数字经济时代的全球趋势

数字经济以其独特的魅力和无限的潜力，正深刻改变着社会生产和生活方式。从智能制造到智慧城市，从电子商务到数字金融，数字经济的触角已经渗透到经济社会的各个领域，成为推动社会进步和经济发展的重要力量。这个过程中数字化转型不仅提升了生产效率，优化了资源配置，还催生了新的产业形态和商业模式，为经济增长注入了新的活力。

县域经济是国家经济体系的重要组成部分，其数字化转型已成为顺应全球趋势的必然选择，其发展水平直接影响到国家整体经济的繁荣与稳定。在数字经济时代，县域经济必须紧跟全球数字化转型的步伐，通过数字化转型提升产业竞争力优化经济结构，实现高质量发展。

县域经济数字化转型的必然性不仅体现在对全球趋势的顺应上，更体现在对内部发展需求的积极回应上。传统产业的转型升级压力增大使资源环境约束加剧，以及社会治理现

代化的要求提高，县域经济亟须通过数字化转型寻找新的增长点，实现转型升级和可持续发展。县域经济数字化转型不仅是顺应全球趋势的必然选择，更是实现自身高质量发展的内在要求。通过数字化转型县域经济可以充分利用数字技术提升生产效率，优化资源配置，推动产业升级和结构调整，为经济增长注入新的动力，数字化转型还可以促进县域经济的创新驱动发展，提升县域经济的整体竞争力和可持续发展能力。

（二）县域经济发展的现实需求

县域经济是国家经济体系中的微观基础与活力源泉，其发展状况直接关系到国家整体经济的稳定与繁荣。在县域经济的发展过程中，一系列挑战与问题逐渐显现，成为制约其进一步发展的瓶颈。其中，产业规模小、“集”而不“群”、产业配套支撑力弱以及创新能力不强等问题尤为突出。这些问题不仅限制了县域经济的增长潜力，也削弱了其应对外部风险和挑战的能力。

面对这些挑战，县域经济亟须寻找新的发展机遇与突破点，而数字化转型这种创新性的发展路径，为县域经济提供了全新的机遇。数字化转型能够突破传统的时空限制和产业边界，打破县域经济发展的地域壁垒，促进资源的优化配置与高效利用。通过数字化技术的应用，县域经济可以实现生产过程的智能化、管理决策的精准化以及市场渠道的多元化，从而提升生产效率、降低运营成本、增强市场竞争力。

数字化转型能够推动县域经济的创新驱动发展。数字化转型的过程中县域经济可以充分利用大数据、云计算、人工智能等先进技术，推动传统产业的技术改造与模式创新，培育新兴产业与业态，形成新的经济增长点。数字化转型还能够促进县域经济与外部世界的互联互通，吸引更多的资本、技术、人才等要素流入，为县域经济的跨越式发展提供有力支撑。所以数字化转型不仅是县域经济应对现实挑战的必要举措，更是实现高质量发展的关键路径。

（三）政策支持与技术进步的推动

在国家层面的宏观战略布局中，县域经济数字化转型被视为推动地方经济高质量发展的重要引擎。国家出台了一系列针对性强、覆盖面广的政策措施，旨在为县域经济的数字化转型提供坚实的政策保障。这些政策不仅涵盖了数字基础设施建设、传统产业改造升级、数字技术应用推广等多个方面，还注重政策之间的协同与衔接，形成了一套完整的政策体系。通过这些政策的引导和支持，县域经济在数字化转型的道路上得以稳步前行，不断取得新的突破和进展。

信息技术的飞速进步为县域经济的数字化转型提供了坚实的技术支撑。云计算、大数据、人工智能等数字技术的不断涌现和应用，为县域经济的数字化转型开辟了广阔的空间和可能。这些技术不仅能够提升数据处理和分析的效率，还能够实现智能化决策和自动化生产，从而极大地提高了县域经济的生产效率和市场竞争力。这些技术的不断成熟和普及使县域经济在数字化转型的过程中将拥有更多的选择和更大的发展空间。

政策支持与技术进步在县域经济数字化转型中并非孤立存在，而是相互依存、相互促进的。政策的支持为技术的研发和应用提供了良好的环境与条件，而技术的进步又能够推动政策的不断完善和优化。这种双轮驱动的模式不仅加速了县域经济数字化转型的进程，还为其提供了持续的动力和活力。所以在未来的发展中，县域经济应继续充分利用政策支持和技术进步的优势，不断推动数字化转型的深入发展，为实现高质量发展奠定坚实的基础。

二、县域经济数字化转型的主要路径

（一）数字基础设施建设与普及

县域应当致力于构建多层次、广覆盖、高安全的数字基础设施网络，这一网络应涵盖物联网、产业互联网、数据交易服务中心等多个维度，以形成全面、立体的数字支撑体系。物联网技术的广泛应用能够实现县域内各类物体的智能化连接与管理，为智慧农业、智慧城市等应用场景提供有力支撑；产业互联网的建设有助于推动县域传统产业的数字化改造与升级，促进产业链上下游的紧密协同与高效运作；而数据交易服务中心的建立则能够为县域数据的开放共享与合规交易提供平台，激发数据要素的市场活力与价值潜力。

数字基础设施的建设过程中，高速互联网与5G网络的广泛覆盖同样不可或缺，这些高速、稳定的网络连接是县域经济与外界进行信息交流和资源共享的重要通道。通过加速推进高速互联网与5G网络在县域范围内的普及，可以确保县域内的企业、机构乃至个人都能够便捷地接入数字世界，享受高速、低延迟的网络服务，从而为实现县域经济的数字化转型奠定坚实的硬件基础。

（二）传统产业的数字化改造与升级

县域应充分利用云计算、大数据、人工智能等前沿数字技术，对传统产业进行深度赋能，实现全方位、全链条的数字化改造与升级。这些技术的引入能够显著提升传统产业的生产效率，通过精准的数据分析与预测，优化生产流程，减少资源浪费，提高产出效率。数字技术还能够助力提升产品质量，通过智能化检测与监控确保产品符合高标准的质量要求，增强市场竞争力。

传统产业的数字化改造与升级应着眼于推动县域产业向高端化、智能化方向发展，这要求县域在数字化转型的过程中不仅要注重技术的引入与应用，更要注重产业的转型升级与结构调整。通过培育新兴产业、优化产业布局、构建产业生态，形成具有县域特色的产业集群和产业链，提升县域经济的整体竞争力和抗风险能力。

在这一过程中，县域应充分发挥自身资源禀赋和比较优势，结合市场需求和发展趋势，选择适合本地特色的数字化改造路径。农业县域可以依托物联网、大数据等技术，推动智慧农业的发展，提升农业生产效率与产品质量；工业县域则可以借助云计算、人工智能等技术，推动传统制造业的智能化升级，打造智能制造产业集群。

（三）数字技术与乡村治理的深度融合

数字经济蓬勃发展的时代浪潮下，县域经济数字化转型已成为不可阻挡的历史潮流。数字技术与乡村治理的深度融合是关键构成，不仅重塑着乡村治理模式，更成为推动县域经济数字化转型的核心驱动力，在提升治理效能、优化资源配置、促进经济发展等方面展现出巨大潜力。

数字技术为乡村治理搭建起高效的信息平台，打破了传统治理模式下信息流通不畅的壁垒。以往乡村地域分散，信息传递依靠人力，导致政策传达不及时、民情反馈滞后，治理效率低下，如今借助大数据、云计算、物联网等数字技术，县域政府能够构建起覆盖乡村各个角落的信息网络。政务服务平台、村务公开 App 等应用，让政策文件、民生事项办理流程等信息能瞬间抵达村民手中，村民也可通过这些平台实时反馈问题与诉求，一些试点乡村村民通过手机 App 就能完成低保申请、土地审批等事务，办理进度实时可查，大大提升了乡村政务服务效率与透明度，促进了乡村治理的精准化与高效化。

数字技术助力乡村治理实现智能化决策，提升治理科学性。海量的乡村数据经收集、分析与挖掘，能为政府决策提供有力依据。通过对乡村人口结构、产业发展、公共服务需求等数据的深度分析，政府可精准把握乡村发展态势，制定出更贴合实际的发展规划，基于农业生产数据监测，合理规划种植养殖规模，优化农业产业布局；依据乡村旅游数据完善旅游设施建设提升旅游服务质量。这种基于数据的智能化决策避免了主观臆断，提高了资源配置效率，推动乡村经济健康有序发展，加速县域经济数字化转型进程。

数字技术深度融合还能激发乡村经济发展新活力，促进产业数字化升级。电商直播、农村电商平台等数字技术应用，拓宽了农产品销售渠道，提升了农产品附加值，推动农业产业链向数字化、智能化延伸；数字技术赋能乡村特色产业，如乡村旅游、手工艺品制作等，通过数字化营销、个性化服务，吸引更多游客与消费者，带动乡村服务业发展。产业数字化转型不仅增加了农民收入，还吸引了人才回流，为乡村治理注入新的活力，形成经济发展与乡村治理相互促进的良性循环。

数字技术与乡村治理的深度融合是县域经济数字化转型的必然趋势，它打破信息壁垒、提升决策科学性、激发经济活力，全方位推动乡村治理体系和治理能力现代化，为县域经济在数字时代实现高质量发展奠定坚实的基础，成为引领乡村振兴、促进城乡融合发展的重要力量。①

① 张超．乡村振兴战略背景下县域数字经济发展路径研究 [J]. 决策探索（中），2021（4）：5–6.

第二章 县域经济数字化转型的理论基础

自21世纪以来，数字技术的迅猛发展正以全新的深度和广度重塑全球经济格局。在这一变革浪潮中，县域经济作为国民经济的基本单元，其数字化转型不仅关乎区域协调发展与乡村振兴战略的实施，更是构建新发展格局的关键支撑。相较于城市数字化进程的快速推进，县域经济受制于基础设施滞后、要素流动不畅、产业基础薄弱等结构性约束，其转型过程呈现出显著的复杂性与特殊性。现有研究普遍将数字化转型视为技术驱动的线性过程，却忽视了县域场域中技术应用与社会经济结构的互构性。事实上，县域数字化既需要遵循数字经济发展的一般规律，更需回应三个核心命题：如何在有限资源条件下实现数字技术的适应性创新，如何激活数据要素对传统产业的乘数效应，如何构建政府—市场—社会协同的治理框架以降低转型摩擦。要解答这些问题，亟须系统的理论建构与实践探索。

本章立足于发展经济学、技术社会学与区域创新理论的交叉视角，试图构建县域经济数字化转型的理论分析框架：通过辨析数字化转型的本质内涵与特征，厘清其与传统信息化的理论分野；从基础设施、数据要素、人才与组织能力三个维度解构转型的关键支撑体系；聚焦农业、制造业、服务业的产业重构机理，揭示数字化对县域比较优势的重塑路径。

第一节 数字化转型的理论基础与发展趋势

本节立足于数字经济学、创新理论和社会技术系统理论的交叉视角，旨在构建县域经济数字化转型的概念框架与理论基础：通过厘清数字化转型的核心内涵与本质特征，揭示其与传统信息化建设的本质区别；从数字经济理论、创新驱动发展理论和技术赋能理论三个维度，阐释数字化转型的内在机理；结合国际成功经验和我国国情，分析数字化转型的全球趋势与本土化路径。县域数字化转型绝非简单的技术移植过程，而是技术应用、制度创新和社会适应的复杂系统工程。这一过程既需要遵循数字经济发展的一般规律，又必须充分考虑县域在产业基础、要素禀赋和社会结构等方面的特殊性。通过本节的论述，期望为理解县域经济数字化转型提供系统的理论支撑，并为后续章节的实证分析和政策探讨奠定概念基础。

一、数字化转型的核心概念与主要特征

（一）数字化转型的核心概念

数字技术是数字化转型的根本驱动力，以云计算、大数据、人工智能、物联网、区块链为代表的数字技术，构成了数字化转型的技术支撑体系。云计算为海量数据存储与处理提供高效的基础设施，使企业和政府能以较低成本获取强大的计算资源；大数据技术实现对多源、异构数据的收集、存储、分析与可视化，挖掘数据背后隐藏的规律与价值；人工智能凭借机器学习、深度学习算法，实现智能化决策、预测与自动化流程，提升效率与精准度；物联网将物理世界与数字世界相连接，实时采集设备、环境等数据，推动生产生活的智能化；区块链则以其去中心化、不可篡改、可追溯等特性，保障数据安全与信任机制的建立。这些数字技术相互融合、协同作用，渗透到县域经济的各个领域，为数字化转型提供源源不断的技术动力。

数据是新型生产要素，是数字化转型的核心资产。数字化时代，数据如同石油一般珍贵，蕴含着巨大的经济价值。县域经济各主体在生产、运营、管理过程中产生的海量数据，包括企业生产数据、市场交易数据、政府政务数据、民生数据等，通过有效的收集、整合与分析能够为决策提供依据，优化资源配置。县域农业企业借助农业生产数据监测土壤湿度、肥力、气象条件等，精准调控灌溉、施肥，提高农作物产量与质量；电商企业依据消费者购买数据进行精准营销，拓展市场份额。数据要素价值的挖掘实现了从传统生产要素驱动向数据驱动的转变，成为推动县域经济增长的新引擎。

业务流程再造是数字化转型的关键环节。传统的业务流程通常存在烦琐、效率低下、信息流通不畅等问题，难以适应数字时代的发展需求。数字化转型要求企业和政府对现有业务流程进行全面梳理与优化，借助数字技术实现流程的自动化、智能化与协同化。以县域政务服务为例，通过构建一体化政务服务平台打破部门之间的数据壁垒，实现业务流程的在线化办理，群众办事无须再奔波于各个部门，大大提高了政务服务效率。企业通过引入数字化管理系统，实现供应链、生产、销售等环节的实时监控与协同运作，降低成本，提升市场响应速度。

组织变革与创新是数字化转型的重要保障。数字化转型必然要求组织架构、管理模式、人才结构等进行适应性调整。传统的层级式组织架构在面对快速变化的数字时代时，决策缓慢、沟通成本高。所以需要向更加扁平化、灵活化的组织架构转变，赋予基层员工更多决策权，提高组织的应变能力，数字化转型需要既懂业务又懂技术的复合型人才，这就要

求县域加强人才培养与引进，完善人才激励机制，营造创新文化氛围，为数字化转型提供坚实的人才支撑。

数字化转型的核心概念涵盖数字技术驱动、数据要素价值挖掘、业务流程再造以及组织变革与创新。这些核心概念相互关联、相互影响，共同构成了县域经济数字化转型的理论框架。深刻理解并把握这些核心概念，对于县域在数字时代实现经济高质量发展、提升综合竞争力具有重要的理论与实践指导意义。[①]

（二）数字化转型的主要特征

数字化转型是一场深刻的经济社会变革，呈现出鲜明的特征体系，数据驱动构成了转型的核心特征。数字化时代，数据已超越传统生产要素的范畴，成为具有基础性战略地位的新型生产资料。这种转变不仅体现在数据量的指数级增长，更在于数据价值的深度挖掘与转化。通过大数据分析、机器学习等技术手段，数据要素正推动决策模式从经验导向转向证据导向，使服务供给实现从“千人一面”到“千人千面”的精准化跃升。世界银行（2021）的研究表明，有效利用数据资产的企业的运营效率可提升 30% 以上。

技术融合展现出显著的协同效应，数字化转型并非单一技术的简单应用，而是 5G、人工智能、物联网、区块链等新一代信息技术的系统集成与协同创新。这种技术融合产生了的乘数效应：5G 网络为海量数据传输提供通道，人工智能赋予数据处理智能，物联网实现物理世界的数字化映射，区块链则确保数据流转的可信性。Brynjolfsson 和 McAfee（2017）指出，技术融合正在重塑产业竞争格局，那些能够有效整合多项数字技术的组织将获得显著的竞争优势。

系统性变革体现了转型的深度与广度，数字化转型绝非局部改良，而是触及组织架构的全面重构。在微观层面，它要求组织架构从科层制转向网络化；在中观层面，它推动业务流程从线性串联转向智能并联；在宏观层面，它促使商业模式从产品中心化转向价值生态化。这种系统性变革符合 Schumpeter（1942）提出的“创造性破坏”理论，意味着整个经济体系的运行逻辑正在发生根本性转变。

用户导向反映了市场权力的深刻转移，数字化转型正在重构供需关系，使市场权力从供给侧向需求侧转移。以 C2M（Customer-to-Manufacturer）模式为代表的用户直连制造模式，通过数字化手段将消费者需求直接传导至生产端，实现了从“企业生产什么就卖什么”到“消费者需要什么就生产什么”的根本转变。这一特征印证了 Prahalad 和 Ramaswamy（2004）提出的“价值共创”理论，即消费者正从被动接受者转变为价值创造的积极参与者。

（三）数字化转型与传统信息化的区别

数字化转型与传统信息化虽然存在技术应用的连续性，但在本质属性和影响维度上呈

① 张坤 . 数字经济带动县域发展转型升级 [J]. 中国市场，2023（31）：178-181.

现出显著差异。从演进历程来看，传统信息化主要体现为20世纪后期计算机技术的初步应用，其核心目标在于通过电子化手段实现业务流程的自动化，本质上是对现有运营模式的效率提升（Laudon和Laudon，2016）。而数字化转型则是数字技术深度渗透经济社会各领域的质变过程，其根本特征在于通过数据要素的深度应用重构价值创造方式，催生全新的商业模式和产业生态（Vial，2019）。

传统信息化主要表现为离散式系统部署，如企业资源计划（ERP）、办公自动化（OA）等独立系统的建设，这些系统通常形成"信息孤岛"，难以实现跨部门的数据互通（Bharadwaj等，2013）。相比之下，数字化转型强调技术体系的集成创新，以工业互联网为代表的新型基础设施实现了研发、生产、供应链等全价值链的智能协同，构建起端到端的数字化生态系统（Iansiti和Lakhani，2020）。

两者在数据要素的开发利用方式上也呈现出本质区别。传统信息化阶段的数据利用主要停留在存储管理和报表生成等基础层面，数据价值未被充分释放。而数字化转型过程中依托机器学习、知识图谱等智能技术，数据要素不仅支持运营决策，更能通过深度挖掘产生新的商业洞察，推动企业从"数据拥有者"向"数据价值发现者"转变（Davenport和Ronanki，2018）。麦肯锡全球研究院（2021）的研究显示，深度应用数据分析的企业其新产品开发成功率可提升2—3倍。

传统信息化和数字化转型最根本的差异体现在组织变革深度上。传统信息化带来的影响局限于特定业务环节的优化改良，而数字化转型要求组织进行基因层面的重构，这包括组织结构从科层制向网络化转型，运营模式从标准化向个性化转变，创新能力从封闭式向开放式演进（Kane等，2017）。这种变革不仅提升了组织的敏捷响应能力，更重塑了整个产业的价值创造逻辑，如Teece（2018）所指出的，数字化转型正在重新定义企业的动态能力边界。

二、数字化转型的理论基础

（一）创新驱动发展理论

数字经济的蓬勃发展正在重塑传统经济理论体系，为理解县域数字化转型提供了全新的分析视角。梅特卡夫定律是网络经济学的奠基性理论，深刻揭示了数字经济时代的价值创造规律。该定律指出，网络的价值与其连接用户数量的平方成正比（Metcalfe，2013），这一特性在县域电商集群发展中得到充分验证。以浙江临安山核桃电商产业集群为例，入驻商户从2015年的200家增加至2022年的5000家，令集群内信息共享、资源匹配和知识溢出的效率呈现指数级提升，带动区域交易规模增长近30倍。这种网络效应不仅降低了单个商户的获客成本，更通过集体学习机制培育出具有全国影响力的区域公用品牌，充分体现了数字经济时代"连接创造价值"的基本规律。以浙江义乌小商品电商集群为例，入驻商户数量的几何级增长使集群内信息流动、资源匹配和知识溢出的效率呈现指数级提升，最终形成具有强大网络外部性的区域数字经济生态系统。这种网络效应不仅降低了单个商户的获客成本，更通过集体学习机制促进了整个区域的数字化转型。

长尾理论从市场结构维度阐释了数字经济对县域特色产业的激活机制。Anderson（2006）提出的这一理论突破了传统“二八定律”的局限，指出数字技术通过降低存储、流通和搜索成本，使小众产品的供需匹配成为可能。在县域经济场景下，这一理论具有特殊价值：电商平台为县域特色产品（如云南扎染、东阳木雕等非遗产品）提供了直达全球利基市场的数字通道，使其摆脱地域限制实现价值跃升，如贵州苗绣产业通过电商平台实现“长尾聚合”的案例，生动诠释了这一理论在县域场景的应用价值；3D 打印、柔性制造等技术的应用进一步降低了小批量定制化生产的边际成本，推动县域经济从规模化生产向个性化定制转型。据统计，2022 年我国县域特色产品线上销售额突破 2 万亿元，其中长尾产品占比达 43%，充分印证了这一理论对县域经济的解释力。

平台经济学理论为县域数字经济的组织创新提供了系统性的分析框架，数字经济时代的新型市场主体平台企业通过构建多边市场、制定数字规则、提供基础设施，有效整合了县域经济中高度分散的供需资源（Parker 等，2016）。以“拼多多”农产品上行平台为例，其通过数字化供应链整合，将 2000 余个县域的农产品直接对接全国消费者，使农产品流通环节缩减 60%，农户增收 35% 以上。这种平台化组织模式不仅解决了传统县域经济中的交易成本过高问题，更通过数据要素的深度应用创造了新的价值增长点。县域数字平台的发展呈现出明显的“政府引导 + 市场主导”双轮驱动特征，其治理机制既遵循平台经济的一般规律，又需要与县域的社会文化特征相适配（Kenney 和 Zysman，2019），这一特点构成了我国县域数字化转型的独特优势。

（二）技术赋能与社会变革理论

技术可供性理论（Affordance Theory）为理解数字技术在县域场景中的赋能机制提供了重要的理论视角。该理论源于生态心理学，强调技术工具与使用环境之间的互动关系（Gibson，1979）。县域数字化转型背景下数字技术展现出独特的“跨越式发展”可供性：移动互联网、直播电商等新兴技术打破了传统基础设施的时空限制，使偏远地区能够直接接入全国乃至全球市场网络。以贵州黔东南苗族侗族自治州为例，当地农民通过短视频平台将传统手工艺品和特色农产品直接销往全国各地，2022 年线上销售额突破 5 亿元，创造了“数字技术赋能文化传承”的典型案例。云计算、区块链等技术降低了县域企业采用先进技术的门槛，使其能够跳过传统工业化阶段，直接迈入数字化发展轨道。这种技术可供性不仅改变了县域经济发展的路径依赖，更重塑了城乡之间的要素流动格局，为乡村振兴提供了新的可能性。

社会技术系统理论（Sociotechnical Systems Theory）从系统论角度揭示了技术应用与社

会结构的互构关系。该理论认为技术创新必须嵌入特定的社会文化环境中才能产生预期效果（Trist 和 Bamforth，1951）。在县域数字化转型过程中，这一理论具有特殊指导意义：数字治理体系的建设需要充分考虑县域特有的社会网络结构，宗族文化影响较深的地区数字政务平台的推广可以借助家族微信群等既有社会资本，实现更高效的触达和动员。技术解决方案的设计必须回应县域社会的实际需求。浙江“浙政钉”政务平台的实践表明，将方言识别、简易操作界面等本土化设计融入数字系统，能显著提升基层干部和群众的使用意愿。社会技术系统理论提醒人们县域数字化转型不能简单复制城市模式，而需要构建“技术适配社会，社会重塑技术”的良性循环机制，这一观点为制定差异化的县域数字政策提供了重要理论依据。

三、数字化转型的全球发展趋势

（一）数字化转型对全球经济的影响

数字化经济极大地提升了生产效率，推动全球产业变革与升级，数字技术如大数据、人工智能、物联网等在生产领域的广泛应用，使企业能够实现生产过程的智能化、自动化与精细化管理。借助传感器与物联网技术，企业可实时监控生产设备运行状态，及时进行维护与故障预警，减少生产中断时间；大数据分析则帮助企业精准把握市场需求，优化生产计划与供应链管理，降低库存成本，提高资源配置效率。以汽车制造业为例，数字化技术实现了生产线的高度自动化不仅提高了汽车生产的速度与质量，还能根据消费者个性化需求进行定制化生产，催生新的商业模式与产业形态，推动全球产业向高端化、智能化方向迈进。

数字化经济改变了传统的商业模式与消费模式，重塑全球市场格局。电子商务的兴起打破了时空限制，让全球消费者能够便捷地购买世界各地的商品与服务，极大地拓宽了市场范围。线上购物平台汇聚海量商品信息，消费者通过智能推荐系统快速筛选心仪产品，降低搜索成本，提升消费体验。共享经济模式借助数字化平台整合闲置资源，实现资源的高效利用，如共享单车、共享住宿等，创造了新的消费场景与经济增长点。这些新型商业模式与消费模式的普及促使传统企业加速数字化转型，推动全球市场竞争更加激烈与多元化。

数字化经济还促进了全球经济的互联互通与协同发展，数字技术的发展让信息传播变得即时、高效，降低了跨国沟通与协作成本。跨国企业通过数字化平台实现全球产业链、供应链的紧密协作，研发、生产、销售等环节可在不同国家和地区高效协同进行。软件研发团队可借助远程办公工具，实现全球多地成员实时沟通与合作，共同完成复杂项目。数字化经济也为各个国家提供了参与全球经济合作的新机遇，通过发展数字经济产业缩小国家或地区间的差距，促进全球经济平衡发展。

数字化经济也带来了新的挑战与问题，数据安全与隐私保护成为全球关注的焦点，网络攻击、数据泄露等风险威胁着企业与消费者的利益；数字鸿沟问题加剧了不同国家、地区和人群之间的发展差距，部分地区因缺乏数字基础设施与技术人才，难以充分享受数字化经济带来的红利。

数字化经济是推动全球经济发展的核心力量，在提升生产效率、变革商业模式、促进经济协同等方面发挥着关键作用。面对数字化经济带来的机遇与挑战，各国需加强合作，共同完善数字经济治理体系，推动全球经济在数字化浪潮中实现可持续、包容性发展。①

（二）我国数字化转型的独特路径

我国政府主导与市场力量协同推进的数字化转型模式，构成了符合我国国情的发展路径。这种"政府引导 + 市场驱动"的双轮机制在县域层面表现得尤为突出：政府通过"数字乡村试点"等政策框架提供顶层设计，2020 年以来已累计支持 117 个县（市、区）开展数字乡村建设试点；平台企业深度参与县域数字化实践，形成了"政府搭台、企业唱戏"的良性互动格局。以江苏省沭阳县为例，地方政府与电商平台合作构建的花木产业数字化生态，不仅带动全县网络销售额突破 200 亿元，也培育出完整的数字产业链条。这种协同模式既避免了纯市场导向的短期行为，又防止了行政主导的效率损失，体现了中国特色社会主义市场经济体制在数字化转型中的制度优势。

渐进式创新路径展现了我国数字化转型的实践智慧。我国的县域数字化转型呈现出明显的梯次演进特征：从早期的个体电商实践，到中期的产业集群数字化，再到当前"数字县域"的系统性变革，这一过程遵循了"试点—总结—推广"的渐进逻辑。浙江省的数字经济发展轨迹颇具代表性，其从 2009 年首个个体电商村（青岩刘村）的诞生，到 2023 年实现县域数字经济增长值占比超 50% 的跨越，历时 14 年的持续演进充分体现了"摸着石头过河"的改革方法论。这种渐进式路径有效降低了转型风险，使县域主体能够根据自身条件选择适宜的数字化节奏，为后发地区提供了可复制的经验范式。

制度创新构成了支撑我国数字化转型的关键保障。面对数据要素市场化配置等前沿课题，我国在县域层面开展了一系列开创性的制度探索：在数据确权方面，福建等地率先开展农业数据资产登记试点，为数据要素流通奠定产权基础；在数字普惠金融领域，江西赣州创新"区块链 + 脐橙产业"的融资模式，破解了农业经营主体融资难题；在治理体系方面，浙江推出的"基层治理四平台"实现了县乡数字治理的协同创新。这些制度突破不仅解决了数字化转型中的具体瓶颈，更逐步构建起适应数字经济发展的新型生产关系。世界银行 2022 年报告指出，中国县域在数字制度创新方面的实践为发展中国家探索普惠性数字化转型提供了重要参考。这种制度创新能力正是我国数字化转型区别于其他经济体的核心特征之一。

① 杨晶，李哲，康琪．数字化转型对国家创新体系的影响与对策研究 [J]. 研究与发展管理，2020，32（6）：26–38.

第二节　县域经济数字化转型的关键要素

在当今全球数字化浪潮的推动下，县域经济的数字化转型已成为推动地方经济高质量发展、增强区域竞争力的关键路径。县域经济的数字化转型不仅关乎技术进步与产业升级，更涉及基础设施、数据资源、人才与组织能力的全面提升。所以深入探讨县域经济数字化转型的关键要素，对于指导实践、优化策略、促进可持续发展具有重要意义。本节将从数字基础设施的建设、数据资源的开发与利用、数字化人才与组织能力的培养三个方面，系统解析县域经济数字化转型的核心构成与内在逻辑。数字基础设施是硬件支撑，是数字化转型的基础与前提；数据资源是核心资产，其有效开发与利用是数字化转型的关键所在；而数字化人才与组织能力则当作软件基础，决定了数字化转型的可持续性与创新性。通过对这些关键要素的深入剖析，旨在为县域经济数字化转型提供理论指导与实践参考，推动县域经济在数字化时代实现跨越式发展。

一、数字基础设施的建设

（一）宽带网络与5G技术的普及

在县域经济数字化转型的进程中，宽带网络的普及扮演着非常重要的角色。作为信息传输的基础设施，宽带网络为县域内的信息交流搭建了一条高速通道。这一通道的建立极大地提升了数据传输的速度与准确性，使县域内的各类信息能够迅速、高效地流通。无论是政府决策所需的经济数据、社会信息，还是企业运营中的市场情报、客户需求都能够通过宽带网络实现即时传递。这不仅提高了信息交流的时效性，还增强了信息的可用性与价值性，为县域经济的决策制定与资源配置提供了有力支持。

宽带网络的普及还促进了县域内信息化水平的提升。宽带网络的深入覆盖令越来越多的县域居民和企业开始享受到信息化带来的便利，他们通过互联网获取资讯、开展业务、接受教育，极大地拓宽了视野，提升了综合素质。宽带网络也为县域内的电子商务、在线教育等新兴业态的发展提供了有力支撑，推动了县域经济结构的优化与升级。

5G技术的引入为县域经济数字化转型注入了新的活力。5G技术以其超高速度、超大容量、超低时延的特性，为远程医疗、智能制造、智慧城市等应用场景提供了强有力的支持。在远程医疗领域，5G技术使高清视频通话、远程手术指导等成为可能，极大地提升了医疗服务的效率与质量；在智能制造方面，5G 技术为工业物联网的部署提供了可靠的网络保障，使设备互联、数据互通成为现实，推动了制造业向智能化、自动化方向发展。而在智慧城市建设过程中，5G 技术则通过提供高速、稳定的网络连接，为城市管理、公共服务、环境监测等提供了智能化解决方案，提升了城市管理的精细化与智能化水平。

（二）云计算与大数据平台的应用

云计算是一种革命性的信息技术，正逐步成为推动这一进程的重要力量。云计算通过提供灵活、可扩展的计算资源，为县域内的企业和政府机构构建了一个按需获取服务的资源池。这一资源池不仅涵盖了计算、存储等基础服务，还扩展到了数据库、中间件、开发工具等更高层次的服务，从而极大地降低了县域经济主体在 IT 基础设施建设和维护方面的成本。云计算的灵活性与可扩展性使得县域内的企业能够根据自身业务需求，快速调整计算资源的使用量，避免了资源的闲置与浪费。云计算的按需付费模式也为企业提供了更为经济高效的 IT 解决方案，使企业能够将更多的资源投入核心业务的发展与创新中。对于政府机构而言，云计算的引入则有助于提升政府服务的效率与质量，推动政府数字化转型的深入发展。

在云计算提供的强大计算资源支撑下，大数据平台成为县域经济决策的重要工具。大数据平台通过整合和分析县域内海量、多源、异构的数据资源，为县域经济的科学决策提供了有力的数据支撑。这些数据资源涵盖了经济、社会、环境等多个领域，通过大数据平台的处理与分析可以揭示出县域经济发展的内在规律与潜在趋势。大数据平台的应用不仅提升了县域经济决策的精准度与科学性，还极大地缩短了决策周期，提高了决策效率。通过大数据平台，政府和企业能够快速获取所需的数据与信息，为制定更加符合实际、更具前瞻性的政策与战略提供了有力支持。大数据平台还能够为县域内的创新创业提供数据驱动的服务与指导，推动县域经济的创新发展与转型升级。

（三）物联网与智能终端的部署

物联网技术是县域经济数字化转型的重要基石，正逐步构建起一个万物互联的智能世界。它将各种设备、系统和应用通过互联网连接起来，实现了信息的智能化识别、定位、跟踪、监控和管理。这一技术的广泛应用不仅极大地提升了县域内各类资源的利用效率，还为县域经济的智能化转型提供了强有力的技术支撑。在县域经济中，物联网技术被广泛应用于农业、工业、交通、环保等多个领域：农业领域，物联网技术通过监测土壤湿度、温度等环境参数，实现了农作物的精准灌溉与施肥，提高了农业生产效率与产品质量；工业领域，物联网技术通过实时监控设备的运行状态与生产流程，实现了生产过程的智能化控制与优化，降低了生产成本与能耗；交通与环保领域，物联网技术的应用也极大地提升了县域内交通系统的运行效率与环境保护水平。

智能终端的部署则是物联网技术在县域经济中的又一重要应用。智能终端是连接物理世界与数字世界的桥梁，使县域内的居民和企业能够更加方便地接入数字世界，享受数字化带来的便利。对于县域居民而言，智能终端的普及不仅丰富了他们的生活方式，还提升了他们的生活质量。通过智能终端，居民可以随时随地获取所需的信息与服务，如在线教育、远程医疗、智能家居等。这些服务的提供不仅满足了居民日益增长的个性化需求，还推动了县域内数字经济的蓬勃发展。对于企业而言，智能终端的部署则为企业数字化转型提供了有力支持。通过智能终端，企业可以实现生产过程的智能化监控与管理，提高生产效率与产品质量。智能终端还可以为企业提供更为精准的市场分析与客户需求预测，帮助企业制定更为科学的经营策略与市场战略。

二、数据资源的开发与利用

（一）数据采集与整合

数据采集是信息汇聚的基石，县域范围内环境数据（如空气质量、水质状况、土壤湿度等）、交通数据（包括车流量、车速、交通拥堵情况等）、经济数据（如产业分布、企业运营状况、市场消费趋势等）以及社会数据（如人口结构、教育水平、医疗资源分布等）均具有重要的参考价值。为实现这些数据的实时采集，需要依托先进的传感器技术和智能终端设备，空气质量监测站可以实时测量空气中的污染物浓度，智能交通系统通过摄像头和雷达等设备监测交通状况，经济数据的采集则依赖于企业上报的财务数据、市场调研报告等，而社会数据的获取则通过人口普查、教育资源统计等手段进行。

在数据采集的基础上，如何高效整合这些数据，使之成为可分析、可利用的资源是数据应用的关键。为此构建一个统一的数据平台显得尤为重要。该数据平台应具备强大的数据处理能力，能够接收来自不同渠道、不同格式的数据，并进行清洗、转换、存储等操作，以确保数据的准确性和一致性。平台还应提供灵活的数据访问接口，方便后续的数据分析和应用开发。通过数据整合，原本分散在各处的数据得以汇聚，形成了一个全面、系统的县域信息库。这不仅有助于提升数据的使用效率，还为县域治理、产业发展、社会服务等提供了有力的数据支撑。

（二）数据共享与开放

在信息化社会快速发展的背景下，数据已成为推动经济社会发展的重要资源。数据的分散性、封闭性以及不同主体间的数据壁垒，严重制约了数据的有效利用和价值挖掘，所以打破数据壁垒，推动政府、企业和社会组织之间的数据共享，成为提升数据利用率、促进社会协同发展的关键所在。数据共享的实现需要政府、企业和社会组织等多方主体的共同努力，政府是数据资源的重要持有者，应积极开放政务数据，为其他主体提供数据支持；企业和社会组织也应主动分享自身掌握的数据资源，形成数据互通、共享共赢的良好氛围。

通过数据共享，不同主体能够基于共同的数据基础进行决策分析、业务协同和创新发展，从而提高整体社会的运行效率和治理水平。数据共享还有助于发现数据间的关联性和规律性，为科学研究、技术创新提供有力支撑。

政府数据开放是数据共享的重要组成部分，也是推动数据驱动经济发展新模式的关键举措。政府数据的开放意味着政府将自身掌握的公共数据资源向全社会开放，鼓励社会力量和民间资本参与数据的开发和利用。政府数据开放不仅能够提升政府透明度，增强公众对政府工作的信任和支持，还能够激发市场活力和社会创造力。通过开放政府数据，企业和社会组织能够基于这些数据资源进行创新应用和服务开发，如智慧城市、智能交通、大数据分析等领域。这些创新应用和服务不仅能够提升公共服务水平，还能够带动相关产业的发展，形成数据驱动的经济增长新动力。政府数据开放还能够促进数据市场的形成和发展，为数据交易、数据服务等提供广阔的市场空间。所以政府数据开放不仅是推动数据驱动经济发展新模式的重要途径，也是实现经济社会可持续发展的重要保障。

（三）数据安全与隐私保护

数据安全防护的核心在于预防和应对。在预防方面，需从数据生命周期的各个阶段入手，实施严格的数据分类分级管理，明确不同级别数据的保护要求，采用先进的加密技术、访问控制机制和身份认证手段，确保数据在采集、存储、处理和传输过程中的机密性、完整性和可用性。建立健全的数据备份与恢复机制，以应对可能的数据丢失或损坏风险。在应对方面，应建立快速响应的数据安全事件处置流程，及时发现、报告和处置数据安全事件，最大限度地减少损失，加强数据安全监测与预警，通过实时监测和分析数据活动及时发现潜在的安全威胁，为数据安全防护提供有力支持。

在数字化时代，个人隐私面临全新的挑战。大数据、云计算等技术的广泛应用使个人数据被大量采集、分析和利用，个人隐私泄露的风险显著增加。所以建立健全的隐私保护机制，确保个人数据在采集、存储、处理和传输过程中的安全性，是维护个人权益、促进数据健康发展的必然要求。隐私保护机制的建设应围绕个人数据的全生命周期展开：数据采集阶段应明确告知数据主体采集目的、范围、方式和用途，获取其明确同意；数据存储和处理阶段应采用去标志化、匿名化等技术手段，降低个人数据可识别性，加强访问控制和加密保护，防止数据泄露；数据传输阶段应采用安全传输协议和加密技术，确保数据在传输过程中的安全性；还应建立健全的个人数据权利保护机制，如数据查询、更正、删除等权利的实现机制，以及数据泄露的应急响应和赔偿机制，为数据主体提供有效的救济途径。通过这些措施的实施可以有效保障个人数据安全，促进数据的健康、有序发展。

三、数字化人才与组织能力

（一）数字化人才的培养与引进

数字化人才的培养应涵盖广泛的群体，从青少年到中老年，从政府公务员到企业职员，乃至广大农民都应成为数字化教育的对象。通过开设数字化培训课程、推广在线教育平台、举办数字化技能竞赛等多种方式，可以有效提升县域居民的数字化应用能力和创新能力。特别是针对青少年群体，应将数字化教育纳入学校课程体系，从小培养他们的数字化思维和技能，为未来的数字化社会打下坚实基础；针对政府公务员和企业职员应开展有针对性的数字化能力提升培训，帮助他们更好地适应数字化转型的需求；还应鼓励和支持农民群体学习数字化技能，利用数字技术提升农业生产效率和农产品市场竞争力，推动农业数字化转型。

在加强数字化人才培养的同时，引进数字化人才也是推动县域经济数字化转型不可或缺的一环。通过优化人才政策、提升县域吸引力、搭建人才服务平台等措施，可以吸引国内外优秀的数字化人才到县域内工作和生活：县域政府应制定和完善数字化人才引进政策，包括提供有竞争力的薪酬福利、税收优惠、住房补贴等，以吸引高端数字化人才；建立灵活的人才引进机制，如柔性引才、项目合作等方式，降低人才引进的门槛和成本；着力提升县域的吸引力和竞争力，通过改善基础设施、优化营商环境、打造特色产业集群等措施为数字化人才提供良好的工作和生活环境；还应搭建数字化人才服务平台，提供人才招聘、职业培训、创新创业等一站式服务，为数字化人才在县域内的职业发展提供有力支持。通过这些措施的实施可以会聚国内外优秀的数字化人才，为县域经济数字化转型提供强大的人才保障和智力支持。

（二）政府与企业的数字化能力建设

建立跨部门的数字化领导小组，由县级主要领导担任组长，统筹协调经信、农业、文旅等部门的数字化工作。推行首席数据官（Chief Data Officer， CDO）制度，负责数据战略制定与跨部门数据共享监督。如浙江省杭州市余杭区在全国率先试点政府 CDO 制度，通过数据治理专班推动 78 个政务系统的数据互通，行政审批效率提升 40%。部署政务云平台与一体化协同办公系统，实现公文流转、项目审批等流程的线上化，引入数字孪生技术构建县域三维地理信息系统（GIS），辅助国土规划与应急管理。例如，江苏省昆山市开发的“城市大脑”平台整合了交通、环保等 12 个领域实时数据，实现城市治理问题的智能预警与闭环处置。制定《县域数据管理办法》等规范性文件，明确公共数据采集、存储、共享的权责边界。建立数字化项目全生命周期绩效评估机制，避免“重建设轻运营”问题。例如，福建省晋江市将数字化投入产出比（ROI）纳入部门考核指标，促使财政资金使用效率显著提升。

依托第三方服务机构开展企业数字化成熟度评估，从基础信息化、业务流程数字化、数据驱动决策三个层级识别短板。例如，广东省博罗县通过“数字化体检”发现，当地电子企业普遍存在生产数据采集盲区，据此针对性推广制造执行系统（MES），使设备稼动率提升 25%。通过“1+N”帮扶机制（1 家标杆企业带动 N 家同行），降低试错成本。例如，山东省曹县依托服装电商龙头企业搭建共享版房与 3D 设计平台，带动 200 余家中小商户实现产品开发周期缩短 50%。推广软件即服务（SaaS）化工具，降低企业数字化门槛，开展“数字工具箱”培训，覆盖 ERP、CRM 等基础系统操作。例如，河北省清河县针对羊绒产业集群，开发行业专属小程序，帮助小微企业实现订单管理、客户分析的移动化应用，使用成本较传统软件降低 70%。

第三节 数字化对传统产业的重构与升级

在全球数字经济加速发展的时代背景下，数字化转型已成为传统产业转型升级的核心驱动力。世界银行 2023 年报告显示，数字化技术对农业、制造业和服务业的生产率提升贡献率分别达到 28%、35% 和 42%，这一趋势在县域经济发展中表现得尤为显著。县域传统产业的数字化转型不仅关乎乡村振兴战略的实施成效，更是构建新发展格局的关键支撑。本节基于产业经济学、技术创新管理等多学科理论视角，系统考察数字化技术对农业、制造业和服务业三大传统产业的重构机制与升级路径。本节研究建立在“技术—组织—环境”（TOE）理论框架基础上，重点探讨三个核心命题：数字技术如何通过渗透效应改变传统产业的生产函数，数字化转型过程中产业组织形态的演化规律，不同产业数字化转型的差异化路径选择。通过融合案例分析与实证研究，本节将揭示数字化转型对传统产业价值创造、组织形态和市场结构的深层影响，为理解数字经济时代的产业变革提供新的理论解释。

一、数字化对农业的改造

（一）智慧农业与精准农业

智慧农业与精准农业的实践建立在现代信息技术和农业生产的深度融合基础上，从技术架构来看，其核心在于构建“天—空—地”一体化的立体监测网络：天基层面依托高分系列卫星、风云气象卫星等遥感平台，实现大范围作物长势监测和灾害预警；空基层面通过无人机搭载多光谱传感器，完成田间尺度的精准观测；地基层面则部署土壤墒情传感器、自动气象站等物联网设备，形成高精度的环境数据采集网络。黑龙江省建三江农场应用北斗导航自动驾驶系统的实践表明，该技术可将水稻播种直线精度误差控制在 ±2.5 厘米范围内，较传统播种方式实现每亩 8% ~ 10% 的增产效果，充分展现了精准农业技术的应用价值。这种技术集成不仅改变了传统农业生产方式，也为农业现代化提供了可量化的技术支撑。

智慧农业的深层价值在于建立数据驱动的农业生产决策体系，通过部署各类环境传感器和作物生长监测设备，农业生产者可以获取土壤温湿度、养分含量、气象条件等多维度的实时数据。山东省寿光市的实践案例显示，"智慧大棚"系统通过整合 12 类传感器数据，结合机器学习算法构建的决策模型，能够生成最优的施肥和灌溉方案，实现水肥使用量减少 30%、劳动生产率提高 3 倍的综合效益。这种数据驱动的生产模式突破了传统农业依靠经验判断的局限，使农业生产管理从定性判断转向定量决策。边缘计算技术的发展，部分智能决策功能已可下沉至田间终端设备，大幅提升了系统响应速度，为应对突发性气候异常提供了技术保障。

智慧农业技术的普及正在深刻重塑农业生产组织形式，"云农场"等数字化平台的兴起，有效解决了小农户生产规模不经济的问题。安徽省砀山县的实践表明，通过数字化托管服务平台整合碎片化耕地资源可以实现梨园的标准化生产管理。这种模式创新主要体现在：通过物联网设备实现生产过程的远程监控，降低管理成本；利用平台化运营整合农机资源，提高设备利用率；依托大数据分析优化生产计划，提升市场响应能力。这种新型生产组织模式不仅改变了农业生产方式，还重构了农业产业链的价值分配机制，为小农户融入现代农业体系提供了可行路径。这种数字化转型将推动农业生产从分散经营向规模化、标准化、品牌化方向发展。

（二）农业供应链的数字化管理

农业供应链的数字化转型正在重塑农产品从生产到消费的全流程管理体系。区块链技术的应用为农产品质量安全追溯提供了可信的技术解决方案，其去中心化、不可篡改的特性有效解决了传统追溯系统中存在的信息孤岛问题。浙江省衢州市开发的"浙农码"系统通过将生猪养殖过程中的疫苗注射、饲料投喂等 23 个关键环节信息上链，实现了养殖数据的全程可追溯，消费者通过简单的扫码操作即可获取完整的生产信息。这种基于区块链的追溯体系不仅提升了农产品质量安全的透明度，更为区域农产品品牌建设提供了技术支撑，实践数据显示，采用该系统的农产品溢价能力平均提升 15% ~ 20%（浙江省农业农村厅，2023）。

冷链物流的数字化改造显著提升了农产品流通效率与质量保障能力。通过整合地理信息系统、温控传感器和路径优化算法，现代冷链物流系统实现了从静态储运向动态智能调控的转变。广东省徐闻县的实践表明，菠萝产业的数字化冷链改造通过实时监控运输环境温湿度、动态调整配送路线，将传统运输模式下15%的损耗率降至5%以下，运输效率提升30%以上（中国农业大学冷链物流研究中心，2022）。这种智能化冷链体系的关键在于建立了“感知—传输—决策—执行”的闭环控制机制，其中边缘计算技术的应用使部分决策功能得以在运输终端完成，大幅提升了系统的实时响应能力。

供应链金融的数字化转型为农业产业化注入了新的资金活力。传统农业金融面临的核心困境在于缺乏可信的资产评估和风险控制手段，而数字化技术的应用有效破解了这一难题。广西南宁香蕉产业创新的“数字化仓单”模式，通过将农产品库存信息、交易记录等数据上链，形成不可篡改的资产凭证，使农户和农业企业能够以此当作质押物获得银行贷款。截至2023年年底，该模式已累计发放贷款超过2亿元，带动产业规模扩大35%（广西银保监局，2023）。这种金融创新本质上是通过数据要素的资产化，解决了农业经营主体信用不足的问题，其成功实践为完善农村金融服务体系提供了重要参考。数字人民币试点的推进使农业供应链金融正在向智能化、普惠化方向发展，有望进一步降低融资成本，扩大服务覆盖面。

（三）农产品电商与品牌化发展

农产品电商的数字化转型正在重构传统的农产品流通体系，其中直播电商的发展尤为引人注目。直播电商通过构建“人—货—场”的新型连接方式，有效解决了农产品上行过程中的信息不对称问题。江苏省沭阳县的实践表明，“新农人主播”的培育与地域公共品牌建设形成了良性互动机制，该县花木电商年销售额突破200亿元，占据全国同类产品线上交易量的40%（南京农业大学电商研究中心，2023）。这种模式的成功关键在于建立了“政府引导+平台赋能+主体参与”的三维协同机制：地方政府提供品牌认证和质量标准体系支撑，电商平台输出流量和技术支持，新型农业经营主体负责内容创作和粉丝运营。农产品直播电商已从单纯的销售渠道进化为包含文化传播、体验分享等多元价值的综合平台，为乡村产业振兴提供了新动能。

社交电商的兴起为农产品营销注入了私域流量运营的新思路。与传统电商依赖平台流量的模式不同，社交电商通过构建基于信任关系的社群网络，实现了更精准的用户触达和更高的转化效率。陕西省洛川县苹果产业的实践显示，系统化的社群运营和会员制管理，其产品复购率已提升至60%，远高于传统电商平台20%～30%的平均水平（西安交通大学营销研究中心，2023）。这种模式的核心竞争力在于建立了“产品—内容—服务”三位一体的价值交付体系：以优质农产品为基础，以乡土文化为内容纽带，以个性化服务为差异点。从产业组织角度来看，社交电商正在推动农产品销售从标准化向个性化、从交易型向关系型转变，这种转变不仅提升了农产品的附加值，更重塑了城乡消费的连接方式。

跨境电商的快速发展为农产品国际化提供了数字化新通道。在全球价值链重构的背景下，数字化贸易平台显著降低了农产品出口的准入门槛和交易成本。云南省普洱咖啡通过阿里国际站等数字化贸易平台，实现了出口额年均35%的快速增长（云南大学国际贸易研究所，2023）。这一成功案例揭示了农产品跨境电商的三个关键成功要素：建立与国际接轨的质量追溯体系，培育懂数字技术的国际贸易人才，构建柔性化的供应链响应机制。农产品跨境电商不仅是销售渠道的拓展，更是中国农业参与全球价值链高端竞争的重要突破口。《区域全面经济伙伴关系协定》（RCEP）等区域贸易协定的深入实施令数字化贸易平台将在促进农业国际合作、提升我国农产品国际竞争力方面发挥更加重要的作用。

二、数字化对制造业的升级

（一）智能制造与工业互联网

工业互联网平台的深度应用正在重塑制造业的设备管理范式。通过将生产设备接入工业互联网平台，企业得以实现设备状态的实时监测与预测性维护，这一变革显著提升了生产系统的可靠性和运行效率。福建省晋江市的实践表明，鞋服产业集群的设备联网率达到65%后，通过部署基于机器学习的故障诊断算法，设备故障响应时间缩短了80%（中国工业互联网研究院，2023）。这种设备联网的实质是构建了“物理设备—数字孪生—云端大脑”的三层架构，其中边缘计算节点的部署实现了数据采集与初步处理的本地化，5G网络的应用保障了海量工业数据的低时延传输，而云端智能分析平台则提供了全局性的优化决策。这种设备联网模式正在从单机智能化向产线协同化方向发展，为智能制造奠定了坚实的设备基础。

云工厂平台的兴起正在推动制造业组织形态的深刻变革，行业级协同制造平台通过整合分散的制造资源，实现了产能的精准匹配和高效利用。浙江省诸暨市袜业云平台的实践显示，通过整合2000台织袜机的实时产能数据，结合智能算法进行订单分配，整个产业集群的订单匹配效率提升了50%（浙江大学智能制造研究中心，2023）。这种协同制造模式的核心价值在于构建了“需求—产能—服务”的数字化连接机制：市场需求通过平台直接对接可用产能，制造服务实现标准化和模块化输出，交易过程通过智能合约自动执行。这种模式正在推动制造业从传统的企业间竞争向平台化生态协同转变，不仅提高了资源利用效率，更为中小企业参与高端制造提供了新的机会窗口。

数字孪生技术的应用正在革新制造业的研发和生产优化方式。通过构建物理工厂的虚拟映射，数字孪生系统可以实现生产过程的仿真优化和工艺参数的智能调优。江苏省丹阳市眼镜产业园的案例表明，应用数字孪生技术后新品研发周期从传统的3个月压缩至2周（清华大学智能制造研究所，2023）。这种技术突破源于多学科知识的深度融合：物理学模型准确刻画制造过程的机理特征，大数据分析揭示工艺参数间的复杂关联，人工智能算法实现优化方案的自动生成。数字孪生技术正在从单点应用向全生命周期管理延伸，形成了覆盖产品设计、工艺规划、生产执行到运维服务的全链条数字化解决方案。这种技术演进不仅加速了制造企业的创新迭代，更在根本上改变了制造业的价值创造方式。

（二）生产流程的数字化优化

制造执行系统（MES）与新一代信息技术的融合应用正在推动生产质量管理范式的根本性变革。山东省滕州市机床产业通过部署 MES 系统与 5G+ 机器视觉的集成解决方案，构建了覆盖原材料从入厂到成品出厂的全流程质量追溯体系。该系统利用 5G 网络的低时延特性实现检测数据的实时传输，通过深度学习算法对加工尺寸、表面光洁度等关键质量指标进行毫秒级判断，最终将产品不良率控制在 0.5% 以下（中国机械工业联合会，2023）。这种精益数字化实践的本质是建立了“数据采集—实时分析—闭环控制”的质量管控新机制，其创新性体现在：采用边缘计算架构实现质量异常的即时拦截，基于数字孪生技术构建工艺参数与质量指标的映射关系，通过区块链技术确保质量数据的不可篡改性。这种模式正在从离散制造向流程制造领域拓展，成为制造业高质量发展的关键技术支撑。

模块化生产技术的突破正在重塑制造业的供给响应能力。河北省高阳县毛巾产业通过数字化改造实施的柔性生产系统，采用标准化接口的模块化设备单元和可编程逻辑控制系统，实现了生产线的快速重构。实践数据显示，该改造使企业处理小批量订单的生产成本降低 40%，订单交付周期缩短 60%（中国纺织工业协会，2023）。这种柔性生产模式的创新价值在于构建了“产品族—工艺模块—设备单元”的三级映射体系：产品设计采用参数化建模方法，制造工艺分解为标准化功能模块，生产设备配置为可快速调整的工作单元。这种柔性化改造正在推动制造业从规模化生产向个性化定制转型，不仅提升了企业对市场需求变化的适应能力，更重构了制造业的价值创造逻辑。数字线程（Digital Thread）技术的成熟实现了产品全生命周期的数据贯通，将进一步增强柔性制造系统的智能化水平。

能源管理系统的智能化升级正在创造制造业的绿色效益。江西省樟树市医药化工园区通过部署基于物联网的智能能效管理平台，实现了能源使用的精准计量和动态优化。该系统集成智能电表、流量计等传感设备，结合生产过程数据，建立能耗基准模型，通过机器学习算法给出能效优化方案年节能降耗效益超过 1200 万元（中国石油和化学工业联合会，2023）。这种数字化能源管理的技术突破体现在：在感知层实现能源数据的全要素采集，在分析层构建能耗与生产参数的关联模型，在应用层开发针对性的节能策略。这种能源管理创新不仅带来了直接的经济效益，还建立了“生产—能源—环境”的协同优化机制，为制造业的绿色低碳转型提供了可复制的技术路径。碳足迹追踪需求的增长令这种系统正在向碳能协同管理方向延伸，将成为制造业实现“双碳”目标的关键抓手。

（三）制造业服务化转型

制造业的服务化转型正在突破传统生产型企业的价值边界，推动产业价值链向高附加值环节延伸。湖南省长沙市工程机械企业的实践表明，“产品即服务”模式通过将设备销售转变为全生命周期服务不仅创造了新的收入来源，更重塑了客户价值主张。三一重工、中联重科等龙头企业通过部署远程监控系统和预测性维护平台，为客户提供设备健康管理、效能优化等增值服务，使服务收入占比提升至 25%（中国工程机械工业协会，2023）。这种转型的深层意义在于构建了“硬件 + 软件 + 服务”的复合价值体系：物联网技术实现设备状态的实时感知，工业大数据平台支撑服务决策，专业服务团队保障价值交付。这种服务化转型正在推动制造业从交易型商业模式向关系型商业模式转变不仅提升了客户黏性，更增强了企业在全球价值链中的话语权。数字孪生技术的成熟令设备服务正在向虚拟调试、数字运维等更高级形态发展。

C2M（Customer-to-Manufacturer）模式的兴起正在重构制造业的生产组织方式。广东省佛山市家具产业集群通过搭建数字化定制平台，实现了消费者需求与制造能力的直接对接。该平台集成 3D 可视化设计系统、智能报价引擎和柔性生产调度系统，支持消费者参与产品设计，使定制化产品的毛利率较标准化产品提高 18 个百分点（中国家具协会，2023）。这种模式创新的核心在于建立了“需求数字化—生产模块化—交付敏捷化”的新型制造体系：消费者需求通过参数化设计工具转化为可执行的生产数据，制造过程采用模块化工艺组织，物流配送实现智能化调度。C2M 模式正在推动制造业从大规模标准化生产向大规模个性化定制转变，这种转变不仅满足了消费升级的需求，更创造了差异化的竞争优势。生成式 AI 技术的发展使产品设计正在从人工主导转向人机协同，这将进一步降低个性化定制的门槛。

共享制造模式的探索正在提升制造业的资源利用效率。重庆市涪陵区榨菜产业通过构建产能共享平台，实现了腌制池等专用设备的协同利用，使设备利用率从 60% 提升至 85%（中国食品工业协会，2023）。这种共享经济的创新实践建立了“闲置资源识别—需求智能匹配—交易可信执行”的机制：物联网技术实现产能状态的透明化，算法平台完成供需的精准对接，区块链技术保障多方协作的信任基础。共享制造正在推动制造业从封闭式生产体系向开放式创新网络转型，这种转型不仅提高了资产回报率，更促进了产业生态的协同进化。数字孪生和区块链技术的融合应用令共享制造正在向虚拟工厂、分布式制造等更高级形态发展，有望成为制造业应对市场波动的重要策略。这种模式为破解中小企业产能过剩问题提供了市场化解决方案。

三、数字化对服务业的创新

（一）数字文旅与乡村休闲经济

数字技术的创新应用正在重塑乡村文旅产业的价值链和体验模式。山西省平遥古城通过部署 AR 实景导航系统，将数字内容与实体景观有机融合，创造出沉浸式的文化体验空间。

该系统基于LBS定位技术和计算机视觉算法，实现了历史场景的虚拟重现与文化信息的智能推送，使游客平均停留时间延长1.8小时（中国旅游研究院，2023）。这种数字文旅体验的创新价值体现在：技术层面构建了“虚实共生”的交互界面，内容层面实现了文化资源的数字化活化，商业层面创造了二次消费的增长空间。元宇宙技术的成熟使数字文旅从辅助性工具向独立业态演变，为乡村文化资源的创新利用提供了全新路径。这种转型不仅提升了旅游体验质量，更通过数字化手段解决了传统文化展示中存在的时空限制问题。

智慧化管理系统的应用正在提升乡村住宿业的运营效率和收益水平。浙江省莫干山民宿集群通过引入物业管理系统（PMS），构建了基于大数据的动态定价模型。该系统整合历史入住数据、市场竞争信息和实时预订情况，通过机器学习算法生成最优定价策略，推动区域民宿平均入住率提升至92%，均价上涨30%（浙江大学旅游管理研究所，2023）。这种智慧化转型的关键在于建立了“数据驱动—智能决策—精准执行”的运营闭环：物联网设备实现房源状态的实时监控，云计算平台支撑复杂的收益管理计算，移动应用确保决策的快速落地。从产业组织视角看，智慧民宿的发展正在推动乡村住宿业从分散经营向网络化协同转变，这种转变不仅提高了资源配置效率，更通过标准化服务体系的建立提升了整体产业水平。数字孪生技术在民宿管理中的应用使虚拟仿真和预测分析将进一步优化运营决策过程。

非物质文化遗产的数字化保护与传播开创了文化传承的新范式。贵州省雷山县通过3D建模、动作捕捉等技术构建的苗绣数字博物馆，实现了传统工艺的数字化保存和全球化传播，累计访问量突破500万人次（中国非物质文化遗产保护中心，2023）。这种保护模式的创新性体现在：技术层面采用高精度扫描记录工艺细节，展示层面运用虚拟现实技术还原制作过程，传播层面依托社交媒体实现裂变式推广。数字化技术不仅解决了传统工艺传承人断层的问题，更通过创新表现形式吸引了年轻群体的关注。区块链技术在非遗领域的应用令数字藏品（NFT）等新型文化产品正在为非遗传承注入新的经济活力。非遗数字化实践正在推动乡村文化资源从保护对象向创意产业要素转变，这种转变对实现乡村文化振兴具有重要意义。

（二）金融科技与农村普惠金融

数字信贷技术的突破正在重构农村金融的风险评估体系。内蒙古通辽市创新的“卫星贷”模式，通过整合多源遥感数据（包括Sentinel-2卫星影像、无人机航拍数据等），结合作物生长模型和气象数据，建立了动态的农作物资产价值评估系统。该技术方案实现了三个关键突破：采用时序NDVI指数分析准确识别作物类型和长势，评估精度达到90%以上；通过建立区域产量预测模型，实现了抵押物价值的动态监测；开发了基于区块链的资产登记系统，确保数据不可篡改。截至2023年年底，该模式已累计发放贷款超过10亿元，不良率控制在1.2%以下（中国人民银行金融科技研究中心，2023）。这种创新不仅解决了传统农业信贷中抵押物不足的困境，还建立了“天基监测—数据分析—信用评估”的数字化风控闭环，为农村金融服务的下沉提供了技术保障。

移动支付基础设施的完善正在加速农村金融的数字化渗透。四川省眉山市通过推广“乡村振兴卡”等特色金融产品，构建了覆盖县乡村三级的电子支付网络。该市的实践表明移动支付的普及经历了三个发展阶段：初期（2018—2020年）重点建设基础受理环境，中期（2021—2022年）推广场景化应用，近期（2023年起）深化生态体系建设。通过“银行＋电信运营商＋村级服务站”的多方协作模式，该市农村电子支付覆盖率已达89%，其中生物识别支付占比达到35%（中国支付清算协会，2023）。这种发展模式的价值在于：通过量身定制的产品设计（如支持方言语音交互的App界面）降低了使用门槛，与电商、物流等业态的深度融合创造了支付生态的良性循环。数字人民币在农村地区的试点应用，正在进一步推动支付服务的普惠化和智能化。

保险科技的创新应用正在提升农业风险管理的效率和精度。安徽省开展的水稻种植险创新试点，通过集成无人机遥感、图像识别和区块链技术，构建了“空中查勘—智能定损—快速理赔”的新型服务体系。技术方案的核心包括：采用配备多光谱传感器的无人机进行灾害评估，实现每万亩勘验时间从传统人工的3天缩短至2小时；开发基于深度学习的灾害识别算法，定损准确率达到92%；应用智能合约技术实现理赔资金的自动划付。实践数据显示，该模式将理赔周期从传统方式的15天压缩至72小时，降低运营成本约40%（国家金融监督管理总局，2023）。这种创新不仅提高了保险服务的可获得性，也建立了“预防—补偿—恢复”的全链条风险管理机制。气象指数保险、价格指数保险等新型产品的推出使保险科技正在推动农业保险从损失补偿向风险减量管理转变。

（三）数字化公共服务与乡村治理

政务服务的数字化延伸正在重构基层公共服务供给体系。湖北省潜江市通过构建“市—镇—村”三级联动的政务服务平台，将148项高频服务事项下沉至村级便民服务站，实现了“村民办事不出村”的服务目标（国家行政学院电子政务研究中心，2023）。这一创新实践依托三个关键支撑：基础设施层面建立覆盖所有行政村的电子政务外网，确保系统互联互通；业务协同层面开发统一的政务中台，实现跨部门数据共享和流程再造；服务终端层面配置多功能自助服务设备，支持“刷脸办事”等便捷功能。值得注意的是，该市创新采用的“云窗口”模式，通过视频连线实现远程帮办有效解决了村级服务人员专业性不足的问题。数据显示这种数字化服务模式使村民办事平均跑动次数从2.3次降至0.5次，办理时限压缩65%以上，显著提升了基层群众的获得感。

网格化管理的数字化转型正在提升乡村治理的精细化水平。浙江省象山县通过企业微信搭建的“基层治理四平台”，实现了网格事件的智能发现、快速流转和闭环处置，使矛盾纠纷线上化解率达到97%（浙江大学社会治理研究院，2023）。该系统的技术创新体现在三个方面：感知层整合雪亮工程视频监控、物联网传感器等多元数据源；应用层开发智能分拨算法，实现事件自动分类和优先级排序；机制层建立“发现—上报—处置—反馈—评价”的全流程数字化管理。该系统通过自然语言处理技术分析群众诉求，自动生成事件标签和处置建议，大幅提升了基层工作人员的响应效率。实践表明这种数字化治理模式不仅提高了问题解决效率，更通过过程留痕和数据分析，为治理决策提供了科学依据，推动了乡村治理从经验判断向数据驱动转变。

党建工作的数字化创新正在强化基层组织的引领作用。陕西省延安市开发的党员学习管理 App，通过整合红色教育资源、建立学分考核机制、搭建互动交流平台，实现了党员在线学习参与率 98.6% 的优异成绩（中央党校党建教研部，2023）。该平台的特色功能包括：基于 LBS 的“红色地标打卡”系统，实现实地教育与线上学习的有机结合；运用知识图谱技术构建的智能推荐引擎，为党员提供个性化的学习内容；开发的在线组织生活模块，支持“三会一课”的数字化开展。这种数字党建模式不仅解决了流动党员管理难、学习效果评估难等传统痛点，还通过数据分析精准把握党员思想动态和学习需求，为提升基层组织力提供了新技术路径。VR、AR 技术在党建中的应用深入令“沉浸式”学习体验正在进一步激发党员教育的活力，彰显了数字化时代党建工作的创新方向。

第三章　县域特色产业的识别与培育

县域经济是国民经济的基本单元，其高质量发展是实现区域协调发展和乡村振兴的重要支撑。在当前全球经济格局深度调整、国内产业结构加速转型的背景下，培育和发展特色产业已成为县域经济突破资源约束、构建竞争优势的关键路径。特色产业不仅承载着县域资源禀赋的差异化表达，更是推动产业升级、促进就业增收、实现可持续发展的核心动力。如何科学识别特色产业、如何有效培育特色产业、如何构建长效发展机制，仍是理论研究和实践探索中亟待解决的关键问题。

本章基于区域经济学、产业生态学和发展经济学的理论框架，系统探讨县域特色产业的识别与培育机制：从理论层面厘清特色产业的内涵、特征与分类，构建特色产业发展的基础认知体系；通过对自然资源、人文资源的禀赋分析，提出县域特色产业的识别方法与评价维度；结合典型案例与实践经验，从产业识别与选择、培育路径和政策支持三个层面，提出特色产业可持续发展的系统性策略。旨在为县域特色产业的科学规划与精准施策提供理论依据和实践参考，助力县域经济实现从资源优势到产业优势的跨越式发展。

第一节　全面认识特色产业

特色产业是区域经济发展的重要载体和核心竞争力所在，其理论内涵与实践特征的系统阐释，是研究县域经济高质量发展的逻辑起点。全球化与区域一体化进程不断深化的当代经济格局中特色产业的培育与发展不仅关乎县域经济的转型升级，更是实现乡村振兴战略和新型城镇化建设的关键路径。本节基于产业经济学、区域经济学和发展经济学的理论框架，系统构建特色产业研究的认知体系。本节内容安排遵循“概念界定—特征分析—类型划分”的逻辑进路：从学理层面厘清特色产业的定义与内涵，明确其核心构成要素及其与区域经济的互动关系；继而系统剖析特色产业区别于传统产业的主要特征，揭示其发展规律；基于产业形态和实践模式，建立多维度的分类体系，为后续研究提供类型学基础。

一、特色产业的概念与内涵

（一）特色产业的基本概念

县域特色产业是指在特定县域范围内，基于当地独特的资源禀赋、历史文化、区位条件或技术传统等要素，逐步发展形成的，具有鲜明地域特征、市场竞争优势以及一定规模效应的产业形态。这些独特要素构成了产业发展的根基，使其区别于其他地区的一般性产业。县域丰富多彩的自然资源，如矿产、农产品、自然景观等，以及人文资源，像传统技艺、民俗文化等，都是特色产业孕育的土壤。例如，某县拥有优质的茶树种质资源，凭借独特的气候和土壤条件，茶叶产业得以兴起并发展壮大，成为县域的特色产业，所产茶叶以其独特的口感和品质闻名遐迩。

显著的地域独特性也是特色产业的关键特征，这种独特性体现在产品、生产工艺或产业组织形式等多个方面，使其难以被轻易复制和模仿。不同县域的地理环境、文化传承千差万别，造就了特色产业的独特印记。如一些少数民族聚居的县域，其特色手工艺品产业，从原材料选取到制作工艺，都承载着深厚的民族文化内涵，具有独一无二的地域特色。

特色产业凭借独特的产品品质、文化内涵或创新的商业模式，在市场中崭露头角，赢得消费者的青睐。通过差异化竞争特色产业能够在细分市场中占据优势地位，获取良好的经济效益。如某些县域的特色旅游产业将当地独特的自然风光与民俗文化体验相结合，吸引了大量游客，在旅游市场中独树一帜。一定的规模效应也是特色产业的重要标志，产业的发展使特色产业在县域内逐渐形成从生产、加工到销售的完整产业链条，带动相关企业和从业人员集聚，实现产业规模的不断扩大。这种规模效应不仅提高了产业的生产效率和经济效益，还增强了产业的抗风险能力，促进县域经济的繁荣发展。

县域特色产业以其独特的内涵和鲜明的特征，在县域经济发展中扮演着不可替代的角色，深入理解这一基本概念有助于人们在实践中精准识别和有效培育县域特色产业，挖掘县域经济发展潜力，推动县域经济高质量、可持续发展。

（二）特色产业的核心构成要素

独特资源禀赋是特色产业的根基，县域所拥有的自然资源、人文资源等是特色产业发展的原始资本。自然资源方面，包括矿产资源、特色农产品资源、独特的自然景观等，如拥有丰富稀土矿产的县域，依托这一资源发展稀土深加工产业，从开采到提炼，再到应用于高端制造业，形成完整产业链。特色农产品也是如此，如某县因特殊土壤与气候产出高品质蓝莓，围绕蓝莓构建种植、加工、销售一体的产业体系。人文资源如传统手工艺、民俗文化等同样关键，如一些县域传承数百年的刺绣工艺，衍生出服装、饰品等特色产业，展现出独特文化价值与经济价值。

创新能力是特色产业的动力源泉。在科技飞速发展的时代，创新贯穿于特色产业的各个环节。技术创新能提升产品质量与生产效率，如农产品特色产业引入先进种植技术与保鲜技术，使农产品产量增加、保质期延长，提升市场竞争力。管理创新优化产业组织与运营模式，如一些县域特色旅游产业采用线上线下相结合的营销管理模式，吸引更多游客。商业模式创新则开辟新的市场空间，如通过电商平台拓宽特色产品销售渠道，打破地域限制，实现销量飞跃。

市场需求导向是特色产业的价值实现关键。特色产业的产品或服务最终要面向市场，满足消费者需求，深入调研市场需求有助于明确产业发展方向。人们健康意识提升对绿色、有机农产品需求大增，一些县域及时调整农业产业结构，发展绿色有机种植养殖，生产符合市场需求的特色农产品，赢得市场份额。关注市场动态与趋势，还能使特色产业及时适应变化，不断推出新产品、新服务，保持产业活力。

产业集群能够促进资源共享、降低成本、提高创新能力，县域特色产业发展中相关企业在地理空间上集聚，形成上下游产业协同发展格局。如家具制造特色产业，木材加工、零部件生产、家具组装、物流运输等企业聚集在一起不仅能降低原材料采购与产品运输成本，还方便企业间技术交流与合作创新，共同打造区域品牌，增强产业整体竞争力。

独特资源禀赋奠定基础，创新能力提供动力，市场需求导向指明方向，产业集群效应强化支撑，这些核心要素相互关联、相互促进，共同构成县域特色产业发展的关键因素。只有充分把握和利用这些要素才能更好地识别和培育县域特色产业，推动县域经济实现高质量、可持续发展。①

（三）特色产业与区域经济的互动关系

特色产业是区域经济系统的重要子系统，通过“增长极”效应产生显著的空间溢出和产业联动作用。从新经济地理学视角来看，特色产业的集聚发展能够有效降低交易成本，促进生产要素在空间上的优化配置。特色产业通过形成专业化劳动力市场、共享中间投入品和知识技术外溢等机制，显著提高土地、资本、劳动力等生产要素的配置效率。以浙江义乌小商品产业为例，其高度专业化分工的网络结构使生产要素得以在上下游企业间高效流动，形成显著的规模经济效应。

根据波特的竞争优势理论，特色产业通过构建独特的“钻石体系”（生产要素、需求条件、相关产业、企业战略），形成难以模仿的区域竞争优势。这种竞争优势既体现在微观企业层面的产品差异化能力，也反映在中观产业层面的集群协同效应，更表现为宏观区域层面的品牌溢价效应。例如，福建安溪铁观音产业通过构建从种植到销售的完整产业链，并依托地理标志品牌形成质量认证体系，使区域产业竞争力得到持续提升。

基于二元经济理论的分析框架，特色产业能够有效破解城乡要素流动的制度壁垒，通

① 张松柏，张婧华. 特色产业发展对策研究 [M]. 北京：光明日报出版社，2020：245.

过产业融合带动城乡融合发展。城市资本、技术、人才等要素通过特色产业载体向农村地区扩散，农村特色产品和服务通过产业链延伸进入城市消费市场。这种双向互动既缓解了城乡发展不平衡问题，又创造了新的经济增长点。例如，云南普洱茶产业通过建立“公司+基地+农户”的组织形式，实现了城乡要素的有机衔接和利益共享。

特色产业对增强区域经济韧性具有重要的稳定器功能，根据复杂适应系统理论，特色产业通过多样性、适应性和转型能力三个维度提升区域经济系统的抗风险能力。面临外部冲击时，特色产业因其独特的资源基础和市场定位，通常表现出更强的适应性和恢复力。例如，山东寿光蔬菜产业在面对市场波动时，凭借其完善的产业链体系和灵活的生产调整能力，始终保持较强的市场竞争力，为区域经济稳定提供了重要支撑。这种韧性特质使特色产业成为区域经济可持续发展的重要保障。

二、特色产业的主要特征

（一）地域性与独特性

特色产业的地理标志属性体现了其与特定地域自然人文环境的深度共生关系，这种地域依附性源于地方特质资源（Place-specific Resources）的独特组合，包括不可移动的自然禀赋和长期积淀的地方知识体系。法国学者 Pecqueur 提出的地域性资源理论认为，这类资源具有显著的空间黏性，其价值创造过程高度依赖特定的地理环境和社会文化背景。以茅台酒产业为例，其独特的酿造工艺与赤水河流域的特殊气候、微生物群落及传统技艺密不可分，这种深度绑定关系构成了产业发展的地理基础。

演化经济学强调，产业特色的形成是历史偶然事件、技术轨迹锁定和制度环境共同作用的结果，具有显著的路径依赖特征。这种不可复制性不仅体现在物质层面的资源独占性，更表现为知识体系的默会性（Tacitness）和组织惯例的嵌入性。例如，日本和纸产业虽经多次技术引进尝试，但其核心工艺仍难以在其他地区完整复制，这正是因为产业知识深深植根于当地匠人的经验积累和文化认知之中。

特色产业的文化嵌入性彰显了其地方文化载体和社会记忆媒介的重要功能。新经济社会学的嵌入性理论指出，经济行为总是嵌套在具体的社会关系和文化传统之中。特色产业通过物质生产实践延续和再造地方文化认同，形成“产业—文化”共生体。例如，苏州刺绣产业不仅是一种传统工艺，更是吴文化的重要表征，其图案纹样、色彩搭配和制作工艺都承载着丰富的地域文化密码。这种文化嵌入性使特色产业超越了纯粹的经济功能，成为维系地方认同和文化延续的重要纽带。

（二）资源依赖性与可持续性

特色产业的资源约束特征体现了其发展过程中的“资源天花板”效应。根据资源基础观（Resource-based View）理论，特色产业的核心竞争力通常建立在稀缺性自然资源或独特人文资源的基础之上，这种资源依赖性在赋予产业独特竞争优势的同时，也构成了发展的刚性约束。以云南普洱茶产业为例，其品质特征与特定海拔、土壤条件和古茶树资源密不可分，这种严格的资源边界使得产业扩张面临天然的物理限制。这种约束既会通过稀缺性溢价提升产品价值，也会因资源枯竭威胁产业可持续发展，因而需要建立科学的资源评估与管理制度。

特色产业的生态敏感性要求建立产业发展与环境保护的协同机制。生态经济学理论强调，特色产业活动必须遵循生态系统的承载阈值，实现经济价值与生态价值的统一。实践中这种平衡通常通过“生态产业化”和“产业生态化”两条路径实现：前者指将生态优势转化为产业优势，如生态旅游开发；后者指将生态理念融入产业全过程，如有机农业生产。福建武夷岩茶产业推行的“茶—林—草”复合生态系统，既保持了茶叶品质特色，又维护了区域生物多样性，为产业可持续发展提供了典范。这种发展模式体现了“绿水青山就是金山银山”的生态文明理念。

特色产业的代际传承要求凸显了传统知识与技艺保护的重要性。依据非物质文化遗产理论，特色产业中的传统技艺是典型的“活态遗产”，其存续依赖于持续的生产实践和代际传递。这种传承不仅涉及显性知识的传授，更包含隐性经验的积累和文化认同的塑造。江苏宜兴紫砂陶艺通过“师徒制”传承体系，将材料选择、造型设计、烧制工艺等知识代代相传，形成了完整的技艺谱系和文化脉络。联合国教科文组织《保护非物质文化遗产公约》特别强调，这类传统工艺的保护必须坚持“生产性保护”原则，在发展中实现传承，在传承中促进发展。

（三）市场潜力与竞争力

特色产业的需求刚性特征源于其产品与服务所蕴含的独特使用价值和文化价值。根据消费者行为理论，特色产品通常能够激发消费者的情感依恋（Emotional Attachment）和身份认同（Identity Recognition），从而形成稳定的消费黏性。这种需求刚性不仅体现在物质层面的功能性需求，更表现为精神层面的文化消费需求。例如，东阿阿胶是传统滋补品，其消费群体已形成显著的品牌忠诚度和使用习惯，这种基于文化认同的消费行为使得市场需求呈现出较强的稳定性。特色产业通过构建“产品—文化—情感”三位一体的价值体系，有效降低了市场需求的价格弹性，为产业可持续发展提供了稳定的市场基础。

特色产业的溢价能力反映了其通过差异化战略获取超额利润的市场竞争优势。依据产业组织理论的差异化竞争模型，特色产品凭借其资源稀缺性、工艺独特性和文化附加值，成功实现了产品定位的垂直差异化（Vertical Differentiation）。这种差异化使特色产业得以突破完全竞争市场的价格约束，建立自身的定价权。例如，法国香槟产区通过严格的产地保护制度和技术标准，使其产品较普通起泡酒获得数倍的价格溢价。这种溢价能力的维持需要完善的知识产权保护体系和严格的质量控制机制当作制度保障，否则极易因仿冒行为导致“公地悲剧”（Tragedy of the Commons）式的市场失灵。

特色产业的抗周期能力体现了其经济稳定器的独特功能。根据经济周期理论，特色产品因具有必需品（Necessity Goods）和文化消费品（Cultural Goods）的双重属性，其需求收入弹性相对较低。宏观经济波动时是必需品的刚性需求提供了基础支撑，也是文化消费品的价值认同又维持了高端需求。例如，景德镇陶瓷产业在历次经济波动中表现出的较强韧性即明证：普通日用瓷满足基本需求，艺术陶瓷则保持高端市场。这种多元化的市场结构使特色产业能够较好地应对经济周期波动，也为区域经济稳定提供了重要缓冲。这种抗周期特性使特色产业成为县域经济风险分散的重要选择。

三、特色产业的分类与模式

（一）农业特色产业

特色种植业是农业特色产业的重要形态，其发展充分体现了地域自然资源与农耕文明的有机结合。特色种植业的空间分布遵循“适地适种”原则，通过长期的自然选择与人工驯化形成独特的品种优势。以云南文山三七产业为例，其种植历史可追溯至明代，在特定的海拔、气候和土壤条件下形成了独特的药用成分组合，这种生物特性与地理环境的协同进化过程，造就了难以复制的品质特征。现代农业科技的应用进一步强化了这一优势，通过品种改良和标准化种植，既保持了传统特色，又提升了产业效益。特色种植业的发展必须处理好品种保护与创新推广的关系，避免因盲目扩张导致品质退化。

特色养殖业的竞争优势建立在独特的地方品种资源和饲养方式基础之上。根据动物遗传资源理论，地理标志畜产品是生物多样性保护与可持续利用的典型范例。西藏牦牛产业展示了这一特点：高原的特殊环境塑造了牦牛独特的生理特性，而传统的游牧方式则形成了其特有的肉质风味。现代特色养殖业面临的核心挑战是如何在规模化养殖与传统特色保持之间寻求平衡。通过严格界定生产区域和饲养标准，既保障了产品品质的统一性，又维护了传统生产方式的延续性。这种制度设计对我国特色养殖业的规范化发展具有重要参考价值。

基于农业产业化理论，初级农产品通过加工转化可实现数倍的价值增值。如安吉白茶产业通过开发茶饮料、茶食品、茶化妆品等衍生产品，成功构建了多元化的产品体系。农产品加工业的特色化发展需要解决两个核心问题：传统工艺与现代技术的融合创新，如采用生物工程技术提升传统发酵食品的品质稳定性；文化价值的产业化表达，如将非遗技艺融入包装设计。

“公司＋合作社＋农户”的产业化联合体模式创新了农业特色产业的治理机制。依据契约农业理论，这一模式通过建立风险共担、利益共享的联结机制，有效解决了小农户与大市场的对接难题。实践中该模式展现出三个方面制度优势：通过契约安排稳定原料供给，保障产品品质的一致性；通过组织化生产实现规模效益，降低交易成本；通过利润返还机制确保农民分享产业增值收益。浙江“丽水山耕”区域公用品牌的发展经验证明，完善的利益分配机制和有效的质量管控体系是产业化联合体成功运作的关键，需要进一步加强合作社的规范化建设，提升农户的参与度和话语权，使产业化联合体真正成为促进农民增收的有效载体。

（二）工业特色产业

传统工艺制造业是工业特色产业的重要载体，其发展体现了文化传承与技术创新深度融合的演进路径。基于文化经济学理论，这类产业的价值创造过程兼具物质生产和文化再生产的双重属性。以景德镇陶瓷产业为例，其发展轨迹呈现出明显的“技术艺术化”和“艺术技术化”特征：传统制瓷技艺通过现代设计理念和工艺技术得以创新发展，当代艺术表达又借助传统工艺载体获得新的表现形式。这种互动关系使传统工艺制造业在保持文化本真性的同时，不断拓展市场边界和应用场景。传统工艺的现代转型需要构建完善的非遗保护体系和技术创新平台，以解决传承人断层、技艺标准化等发展瓶颈。

资源精深加工业的发展水平直接反映区域产业升级和价值链攀升的能力。依据全球价值链理论，这类产业的核心竞争力在于将资源优势转化为技术优势和市场优势。包头稀土产业通过构建“开采—分离—应用”的完整产业链，实现了从原材料输出向高端材料制造的转变。资源精深加工业面临的关键挑战是如何突破“资源诅咒”陷阱，这需要建立三个方面的能力：核心技术自主研发能力，避免关键环节受制于人；环境友好型生产工艺，实现绿色可持续发展；市场导向的产品创新体系，提高资源利用效率和附加值。德国鲁尔区从传统煤钢基地向高科技中心的转型经验表明，资源型产业的特色化发展必须建立在技术创新和产业重构的基础之上。

特色装备制造业通过专业化分工和定制化服务形成独特的市场定位。根据产业生态理论，这类产业通常植根于特定的区域产业环境，与上下游企业形成紧密的技术关联。温州泵阀产业集聚区的发展印证了这一规律：区域内企业通过高度专业化分工，在细分领域形成显著的技术积累和市场优势。特色装备制造业的持续发展需要构建三个支撑体系：产学研协同创新网络保持技术领先性，技能人才培养体系保障工匠型人力资源供给，专业化服务体系提供全生命周期的产品服务。瑞士精密机械工业的成功经验表明，专注细分市场和持续技术创新是特色装备制造业保持竞争力的关键。

“专业化园区 + 创新平台”的集群发展模式为工业特色产业提供了系统性解决方案。基于产业集群理论，这一模式通过空间集聚和创新外溢效应，显著提升了产业整体竞争力。该模式的运行机制体现在三个层面：在物理空间层面，专业化园区提供完善的产业配套和共享设施；在创新体系层面，公共技术平台降低企业研发成本和风险；在产业生态层面，形成紧密的产业链协作网络。苏州工业园生物医药产业集群的实践表明，有效的集群治理机制需要政府、企业、科研机构多方协同，重点解决创新资源整合、知识产权保护、标准体系建设等关键问题。未来发展中应更加注重数字化赋能和绿色化转型，推动工业特色产业集群向智能化、可持续方向升级。

（三）文旅融合特色产业

非遗活化利用型产业通过创造性转化实现了传统文化资源的现代价值再造。基于文化遗产活化理论，这类产业发展的核心在于建立“保护—传承—创新”的良性循环机制。苏州缂丝产业的现代转型提供了典型范例：通过将传统织造技艺与现代设计理念相结合开发出符合当代审美的服饰和家居用品，使古老技艺重新焕发生机。非遗活化的关键成功要素包括：建立数字化保护档案确保技艺存续，培育新生代传承人队伍，构建市场化运作机制。非遗产业化过程中必须处理好商业开发与文化本真性的平衡，避免过度商业化导致的文化失真现象。法国里昂丝绸产业的经验表明，只有当传统文化元素与现代生活方式形成有机联结时，非遗活化才能真正实现可持续发展。

生态旅游康养型产业体现了“绿水青山”向“金山银山”的价值转化路径。依据生态经济学原理，这类产业的核心竞争力源于优质生态资源与健康服务需求的精准对接。浙江莫干山民宿集群的发展印证了这一模式的有效性：通过整合竹林、温泉等自然资源与养生、休闲等现代需求，构建了完整的生态康养服务体系。该类型产业的发展需要注重三个维度的协调：生态承载力评估确保可持续发展，服务质量标准化提升消费体验，社区参与机制保障利益共享。日本温泉旅游业的经验显示，生态旅游康养产业的长期竞争力取决于环境保护的严格性和服务品质的一致性，任何短视的开发行为都将损害产业根基。

工业遗产创意型产业通过空间重构和功能再造实现了旧工业区的价值重生。基于城市更新理论，这类转型不仅是物理空间的改造，更是文化记忆的延续和经济功能的创新。北京 798 艺术区的成功转型展示了工业遗产的多种可能性：废弃厂房转变为艺术展览空间，工业设备转化为装置艺术，生产历史成为文化叙事资源。工业遗产开发需要把握三个关键环节：完整性保护维持场所精神，功能性植入激活空间价值，文化活动培育持续吸引力。德国鲁尔区工业遗产旅游开发的经验表明，保持工业建筑的历史质感与现代功能的有机融合，是提升游客体验和场所认同的重要途径。

“文化 IP + 体验经济”的价值链延伸模式为文旅融合产业提供了创新发展方向。根据体验经济学理论，这一模式通过故事化、场景化和互动化的方式显著提升了文化产品的消费价值和传播效应。该模式的实施路径包括：挖掘文化 IP 的核心价值要素，构建多层次的体验场景，开发衍生产品和服务。西安“大唐不夜城”项目成功将历史文化资源转化为沉浸式体验产品，通过夜间灯光秀、实景演出、主题市集等形式实现了文化传播与商业价值的双赢。未来发展中应更加注重数字技术的融合应用，如通过 VR 技术、AR 技术增强互动体验，利用区块链技术实现 IP 版权保护，借助大数据分析优化消费体验，持续提升文旅融合产业的创新活力和市场竞争力。

第二节　县域特色产业的资源禀赋分析

资源禀赋分析是县域特色产业识别与培育的理论基石，也是制定差异化发展战略的前提条件。本节基于新结构经济学“要素禀赋决定比较优势”的核心观点，构建包含自然资源、人文资源和经济资源（本节未作专门分析）的三维分析框架，系统阐释资源禀赋与特色产业发展的内在关联机制。本节采用“资源识别—价值评估—开发路径”的逻辑主线：建立系统的资源分类体系，为产业选择提供依据；构建科学的评估方法，避免资源开发的盲目性；提出差异化的利用策略，实现资源价值最大化。通过这种结构化的分析路径旨在为县域特色产业发展提供科学的资源决策参考。

一、自然资源禀赋分析

（一）地理条件与气候资源

地理条件与气候资源是县域特色产业发展的基础性要素，其影响机制可从空间经济学和农业气象学的理论视角进行深入阐释。德国经济学家杜能的农业区位理论揭示，地理环境的差异性直接决定了农业生产的地域分工格局。当代县域经济发展中这一规律表现为：经纬度位置决定的光热资源分布、地形地貌塑造的微气候环境、海拔梯度形成的垂直带谱等自然要素，共同构成了特色产业发展的“地理基因”。以云南普洱茶产区为例，其地处北纬 22° 02′ —24° 50′ 的黄金产茶带，配合以横断山脉南段的高海拔（1000 米 ~ 2100 米）地形和年均 17℃ ~ 22℃的气温条件，形成了独特的“高山云雾出好茶”生态系统。这种“地理—气候—生物”协同作用的特异性，使大叶种茶树的次生代谢产物积累呈现出显著的地域特征，进而塑造了普洱茶特有的感官品质和健康功效。

气候资源对特色农业的影响具有双重性特征：积温、降水、日照等气候要素的年际波动直接影响农产品品质的稳定性，如法国波尔多葡萄酒产区通过建立严格的年份评级制度来应对这一挑战；全球气候变化正在重塑传统农业的地理边界，联合国政府间气候变化专门委员会（IPCC）第五次评估报告指出，气温升高和降水模式改变会导致某些特色农产品的适生区发生纬度或海拔迁移。这就要求县域建立包含气候区划调整、品种改良、栽培技术革新在内的适应性管理体系，如四川花椒产业面对冬季气温升高导致的春化不足问题，通过选育低需冷量品种和开发新型栽培模式，有效维持了“汉源花椒”的品质特色。

地理标志保护制度（PGI）的建立为特色产业应对自然约束提供了制度性解决方案，欧盟的实践经验表明，通过科学划定原产地保护范围、制定详细的生产技术规范、建立严格的质量监管体系可以在保障产品地域特色的同时，提升产业应对气候风险的能力。当前我国县域特色产业发展需要着重解决三个关键问题：建立精细化的农业气候区划数据库，开发基于物联网技术的环境监测系统，构建气候适应性生产技术体系。只有将自然禀赋的刚性约束转化为质量标准的竞争优势，才能实现特色产业的可持续发展。荷兰花卉产业通过温室技术的不断创新将有限的光热资源利用效率提升到极致，这一经验对我国县域特色农业的集约化发展具有借鉴意义。

（二）农业资源与生态资源

农业生态系统的承载力构成了特色农业发展的刚性约束条件。根据 Odum 的生态系统理论，农业特色产业本质上是对特定生态系统中物质能量流动的人工调控过程。五常大米产业的典型案例显示，其独特的品质特征源于寒地黑土有机质含量（平均 6% ~ 8%）与牤牛河灌溉水矿物质成分（富含硅酸盐）的特定组合，这种生态要素的独特配比形成了难以复制的“土壤—作物—微生物”协同体系。现代生态农业研究进一步表明维持特色农产品品质的关键在于保护农业生态系统的完整性，包括土壤微生物群落结构、传粉昆虫种群数量等生物多样性指标。日本“能登半岛山”管理系统通过维持传统稻作梯田的生态平衡不仅保护了朱鹮栖息地，更确保了“能登大米”的独特风味，这一案例深刻揭示了生态完整性与产品特色之间的内在关联。

特色农业的可持续发展亟须建立生态价值市场化机制，当前面临的核心矛盾在于：产业规模扩张导致的生态足迹扩大与生态系统服务功能维护之间的张力。根据 Costanza 的生态系统服务价值评估框架，解决这一矛盾需要突破传统经济核算体系的局限，将水源涵养、土壤保持、碳汇等生态服务价值纳入产业成本效益分析。应当构建三个层次的制度创新：建立农业生态红线制度，如普洱茶产区通过划定古茶树保护核心区维持遗传资源多样性；推行生态补偿机制，如浙江湖州“桑基鱼塘”系统通过生态产品价值实现路径，使传统耕作方式获得经济激励；开发全生命周期评价体系，如法国香槟产区采用的“碳足迹”标签制度为特色农产品生态价值市场化提供了可资借鉴的范式。这些制度创新的本质是通过市场机制实现生态保护成本的社会化分摊和生态产品收益的合理分配，从而破解“生态保护—产业发展”的二元对立困境。

（三）矿产资源与能源资源

矿产资源型特色产业的发展轨迹印证了“资源诅咒”理论的核心命题，即单纯的资源禀赋优势有时反而阻碍区域的长期经济发展。根据 Auty 的资源诅咒理论模型，这一悖论的产生源于三个机制：资源收益的波动性导致宏观经济不稳定，初级产品部门的繁荣挤压其他产业的投资空间，以及资源租金引发的制度弱化和寻租行为。江西赣州稀土产业的转型实践揭示了破解这一困境的可能路径：通过构建“资源开采—材料制备—终端应用”的完整价值链，将资源优势转化为技术优势。赣州通过建立稀土功能材料创新中心（年研发投入占产值比重达 4.2%）、引进高端应用企业（如永磁材料制造商），实现了从原料基地到新材料产业集群的跃迁。这一过程的关键在于建立资源收益反哺创新的长效机制，如挪威国家石油基金将 78% 的油气收入配置于全球科技企业的股权投资，形成了“资源—资本—技术”的良性循环。

矿产资源型产业的可持续发展需要构建“绿色矿业”的新型范式，这一范式包含三个相互支撑的维度：在生态维度，推行全生命周期的环境管理，如智利铜矿采用的“矿山生态修复债券”制度，要求企业按开采规模预存修复资金；在技术维度，发展资源高效利用工艺，如日本“城市矿山”战略通过电子废弃物回收实现了稀土金属的循环利用（回收率达 85% 以上）；在经济维度，建立多元化的产业结构，如德国鲁尔区从煤钢基地转型为文化创意与高科技中心的关键，在于建立了资源收益转化基金（每年投入转型的资金占 GDP 的 1.8%）。当前我国县域矿产资源型特色产业面临的核心挑战是：如何通过制度创新打破“开采—污染—枯竭”的传统发展路径。解决方案在于构建包含资源税调节机制（如矿产资源租赁税）、生态补偿机制（如复垦保证金制度）和技术创新机制（如页岩气开发中的技术外溢效应）的综合性政策体系，从而实现资源型产业的包容性增长和可持续转型。

二、人文资源禀赋分析

（一）历史文化与民俗传统

文化资本是特色产业发展的核心要素，其价值转化机制可从文化经济学的理论维度进行深入解构。布迪厄的文化资本理论揭示了物质文化（如传统工艺）、制度文化（如行业规范）与精神文化（如审美观念）的三重结构如何共同形塑产业特色。山西平遥推光漆器的案例研究表明，其独特的“三金三彩”技艺不仅是一套工艺程序，更是晋商文化“精于工、匠于心”价值理念的物质载体。这种文化编码过程（Cultural Encoding）使产品具有超越使用价值的符号价值，在消费社会中形成独特的市场区隔。人类学家 Appadurai 提出的“物的社会生命”理论进一步指出，传统工艺品的价值变迁实质上是文化意义在时空维度中的再语境化过程。当前非遗产业化实践中的关键矛盾是文化本真性（Authenticity）与商业适应性之间的张力，这要求建立动态平衡机制。

文化资源的现代转化需要构建“创造性传承”的创新体系。联合国教科文组织《保护非物质文化遗产公约》强调的“生产性保护”原则，为破解保护与发展的二元对立提供了理论框架。具体实施路径包含三个层面：在符号层面，通过设计创新实现传统元素的现代表达，如故宫文创将传统纹样转化为现代审美语言；在技术层面，运用数字技术拓展传承维度，如敦煌研究院的“数字供养人”项目通过区块链技术重构了文化参与方式；在制度层面，建立多元主体协同的治理机制，如苏州刺绣产业形成的“非遗传承人 + 设计机构 + 电商平台”模式值得借鉴。日本和纸产业的现代转型经验表明，成功的文化产业化必须实现“三个统一”：传统技艺核心要素的完整保留与现代应用场景的创新拓展相统一，文化内涵的深度挖掘与传播方式的浅显表达相统一，个体匠人的艺术追求与产业发展的规模效益相统一。这种辩证发展模式既避免了文化资源的僵化保存，又防止了过度商业化导致的意义消解，为县域特色文化产业的发展提供了可资借鉴的理论范式和实践路径。

（二）人力资源与技能禀赋

特色产业的人力资源培育本质上是一个文化认知与技艺传承相互建构的动态过程。根据波兰尼（Polanyi）的默会知识理论，特色产业所需的专业技能具有显著的“具身化”特征，其获取不能仅依靠显性知识的传授，而必须通过长期实践中的“师徒濡化”来实现。宜兴紫砂工艺的传承体系生动诠释了这一过程：学徒不仅需要掌握可编码的成型技法（如“拍身筒”“镶身筒”等），更需在持续实践中内化对泥料特性、造型韵律的直觉把握，这种“工艺知觉”的养成通常需要 10 年以上的沉浸式训练。人类学家 Lave 提出的“情境学习”理论指出，传统工艺传承本质上是一种“合法的边缘性参与”过程，学徒通过观察、模仿、实践，逐步从边缘参与到核心技艺掌握。当前特色技艺传承面临代际断裂危机，其深层原因在于现代教育体系的标准化取向与传统技艺传授的情境依赖性之间存在结构性矛盾。

构建适应现代社会的特色技艺传承体系需要制度创新的多维突破。借鉴“人间国宝”（重要无形文化财产保持者）制度的实践经验，完善的技能传承机制应当包含三个相互支撑的层面：认定机制上建立分级分类的传承人认证体系，如中国工艺美术大师评审与非物质文化遗产代表性传承人认定制度的衔接；培养模式上构建“现代院校教育 + 传统师徒传承”的混合式培养路径，如景德镇陶瓷大学推行的“大师工作室制”在这方面进行了有益探索；激励机制上形成物质回报与精神荣誉并重的双重驱动，如法国“艺术与文学骑士勋章”对传统工艺师的表彰。特别需要关注的是，技艺标准化与艺术个性化之间保持必要的张力：通过教材编写、视频记录等方式实现核心技艺的系统整理，保留足够的创作自由空间。德国包豪斯教育理念中的“技术训练与艺术创造并重”原则，以及日本“守破离”的技艺进阶哲学，都为平衡这一关系提供了重要启示。最终目标是建立既能适应现代产业需求，又能保持技艺本真性的特色产业人才培养生态系统。

（三）社会资本与组织能力

社会资本是特色产业发展的隐性基础设施，其作用机制可从新制度经济学的交易成本理论进行深入阐释。美国社会学家普特南将社会资本界定为“社会组织的特征，如信任、规范和网络，它们能够通过促进合作行为来提高社会效率”。浙江义乌小商品市场集群的演进历程生动展现了社会资本的经济价值：基于地缘、亲缘和业缘构建的多重社会网络形成了独特的“人格化交易”模式，使合约执行成本降低 30% 以上（根据浙江大学 2018 年调研数据）。这种非正式制度安排有效弥补了正式法律制度在商业实践中的滞后性，特别是在产品快速迭代的小商品领域。格兰诺维特的“嵌入性”理论指出，经济行为总是嵌套在具体的社会关系网络中。义乌商人通过“老乡会”“行业商会”等组织形式建立的关系资本显著提升了市场信息的流动效率和合作契约的稳定性。

数字化转型背景下特色产业的组织创新面临新的机遇与挑战。随着电子商务平台对传统交易模式的颠覆，特色产业共同体需要构建更具韧性的新型组织架构。这一转型过程需要重点突破三个维度：在治理结构上，建立“线上平台 + 线下协会”的混合治理模式，如东阳木雕产业通过“行业协会数字化改造项目”实现传统技艺的标准认证和溯源管理；在信任机制上，发展基于区块链技术的“智能合约”系统，如福建安溪茶产业应用的“茶链”平台实现了从种植到销售的全流程可信记录；在利益分配上，设计“平台合作社”新型组织形式，如江苏南通家纺产业集群通过“电商平台 + 合作社”模式重构价值链分配机制。日本“传统产业振兴组合”的经验表明，有效的产业自组织需要平衡三个关系：保持社会网络的开放性与维护核心技艺的封闭性，适应数字经济的效率要求与保留传统交易的信任基础，追求规模效益与维护特色品质。当前我国县域特色产业发展亟须构建既能传承传统社会资本优势，又能适应数字经济要求的新型产业治理体系，这将成为决定特色产业能否实现可持续发展的关键制度变量。

第三节　特色产业培育的路径与策略

特色产业培育是县域经济转型发展的核心命题，其理论建构与实践探索亟待系统性突破。本节基于产业演进理论和区域发展理论的双重视角，构建“识别—培育—支持”的三维分析框架，旨在揭示特色产业从要素集聚到创新驱动的内在发展规律。在当前构建新发展格局的战略背景下，特色产业培育已超越单纯的经济增长范畴，成为推动县域高质量发展、实现共同富裕的重要路径。本节内容安排遵循“理论—方法—工具”的逻辑进路：建立特色产业识别的理论框架与方法体系，解决“发展什么”的问题；继而系统阐述产业培育的关键路径与实施策略，回答“如何发展”的命题；设计政策支持的工具箱与制度创新的路线图，破解“何以持续”的难题。通过这种结构化的论述方式旨在为县域特色产业培育提供兼具理论深度和实践操作性的解决方案。

一、特色产业的识别与选择

（一）资源禀赋与市场需求结合

特色产业的科学选择本质上是一个资源要素与市场空间动态匹配的优化过程。根据Ricardo的比较优势理论和新结构经济学的要素禀赋学说，县域特色产业的选择必须同时满足两个基本条件：具有资源禀赋支撑的持续供给能力，存在市场需求驱动的价值实现空间。这种双重约束下的产业选择问题可以通过构建包含资源适配度、市场成长性和技术可行性的三维评估矩阵来进行量化分析。

贵州茅台镇白酒产业的发展轨迹为该理论提供了典型例证，其成功关键在于实现了三重匹配：地质微生物环境（空气中400余种微生物菌群）与传统酿造工艺（“12987”工艺）的技术匹配，产品特性（酱香突出、幽雅细腻）与消费升级需求（高端白酒年复合增长率15%）的市场匹配，产能规模（5.6万千升/年）与生态承载力（赤水河流域环境容量）的可持续匹配。这种系统性的匹配关系使茅台镇白酒产业形成了独特的“资源—技术—市场”共生体系。

特色产业选择的实践操作需要整合多种分析工具。波特的“钻石模型”提供了产业竞争力的四维分析框架（生产要素、需求条件、相关产业、企业战略），而动态能力理论则强调要关注产业的适应性和进化能力。实际评估中建议采用“定量筛选+定性评估”的混合方法：先通过区位商分析和资源禀赋系数进行初步筛选，再运用情景分析法（Scenario Analysis）评估不同发展路径的可行性。例如，云南咖啡产业的选择就经历了从自然资源评估（海拔、降水、积温）到市场前景分析（国内咖啡消费年增长20%），再到产业链完整性检验的系统的评估过程。

资源与市场的匹配是一个动态调适的过程。技术进步和消费升级使传统的资源价值会被重新定义，市场需求结构也在持续演变，所以特色产业的选择机制应当具备动态调整能力，建立包含环境扫描（Environmental Scanning）、趋势分析（Trend Analysis）和弹性评估（Resilience Assessment）在内的持续监测体系。通过建立每十年一次的产业评估与调整机制能够有效应对气候变化和市场变革带来的挑战，这一做法对我国县域特色产业选择具有重要借鉴意义。

（二）产业潜力与竞争优势评估

产业潜力与竞争优势评估是特色产业选择的核心环节，需要建立在系统的理论框架和科学的评估方法基础之上。基于动态能力理论和产业演进理论特色产业的竞争优势不仅取决于当前的资源禀赋条件，更在于其适应市场变化、吸收新技术和持续创新的能力。这种动态竞争优势的评估需要构建包含产业结构、技术创新、市场前景和可持续发展等多维度的综合评价体系。

从评估维度来看，产业潜力分析应当重点关注：产业关联效应通过投入产出分析测算产业的前向关联度和后向关联度；技术进步贡献率，评估研发投入强度和技术转化效率；就业带动系数，衡量单位产值创造的就业机会；生态承载力，考察产业发展与环境容量的匹配程度。这些指标共同构成了产业潜力评估的基础性框架，为科学决策提供量化依据。

实践操作层面可以借鉴战略管理中的波士顿矩阵分析方法，结合县域经济发展特点进行适应性改造。根据市场增长率（反映发展潜力）和相对市场份额（反映竞争地位）两个维度，将县域特色产业划分为四类：明星产业（高增长、强竞争）、“现金牛”产业（低增长、强竞争）、问题产业（高增长、弱竞争）和“瘦狗”产业（低增长、弱竞争）。这种分类方法有助于明确产业培育的优先序和资源配置的重点方向。

福建安溪茶产业的转型升级路径充分体现了产业潜力评估的实践价值。通过系统评估，当地政府识别出传统茶叶种植已进入成熟期（“现金牛”产业），而茶机械制造和茶文化旅游则展现出强劲的增长潜力（明星产业）。基于这一评估结果，安溪县制定了“巩固基础产业、培育新兴产业”的发展策略，推动产业体系从单一农产品生产向多元化价值链延伸。这一成功案例表明，科学的产业潜力评估能够为特色产业转型升级提供重要决策参考。

产业潜力评估不是一次性的工作，而应该建立常态化的监测评估机制。技术进步和市场环境的变化使产业竞争格局与增长潜力也在持续演变，所以建议县域层面建立特色产业动态评估系统，定期（如每 3 ~ 5 年）对主导产业进行重新评估，及时调整产业政策和资源配置策略，确保特色产业发展的持续竞争力。这种动态评估机制是应对不确定性环境、实现产业可持续发展的关键保障。

（三）特色产业的科学规划与定位

特色产业的科学规划与定位本质上是一个战略性资源配置与差异化竞争空间建构的过程。基于现代战略管理理论中的 STP（Segmentation-Targeting-Positioning）分析框架，县域特色产业定位需要系统性地完成市场细分、目标选择和差异化定位三个关键步骤。这一理论模型强调，有效的产业定位必须建立在深入分析区域要素禀赋、市场需求结构和竞争格局的基础之上，通过识别独特的价值主张来确立可持续的竞争优势。

科学的产业定位需要综合运用多种分析工具和技术手段。产业地图绘制是基础性工作，应当包含产业链全景图、区域分布图和竞争格局图三个层次，直观展示产业发展的空间布局和价值链定位。产业负面清单制度则是明确发展边界的重要工具，通过列出限制类和禁止类产业目录，可以有效规避同质化竞争和低水平重复建设。浙江“块状经济”的成功实践表明，科学的产业定位需要把握“专业化深耕”与“适度多元化”的辩证关系：在细分领域建立不可替代的专业优势，如诸暨袜业占据全球三分之一市场份额；通过相关多元化拓展价值链，如温州皮鞋产业向皮具、箱包等关联领域延伸。

在具体实施路径上，特色产业定位需要重点关注：差异化定位策略的制定可借鉴波特的通用竞争战略理论，在成本领先、差异化和集中化战略中选择适合县域实际的路径；产业生态系统的构建，通过打造“核心产业 + 支撑产业 + 配套产业”的产业群落形成协同发展效应；动态调整机制的建立，定期评估定位效果并及时优化调整，“一村一品”运动的经验显示成功的产业定位通常需要 5 ~ 10 年的持续培育，其间要根据市场变化和技术演进不断优化定位策略。

数字经济时代为产业定位带来了新的机遇与挑战：数字技术打破了地理空间限制，使县域特色产业可以直接对接全球市场；但加剧了区域间的竞争压力。所以现代产业定位需要增加数字化维度，通过“特色产业 + 数字经济”的融合创新构建线上线下相结合的新型竞争优势。山东曹县通过将传统汉服产业与电商直播相结合，成功实现了从农业县到“中国汉服之都”的转型升级，这一案例生动诠释了数字经济背景下产业定位的创新路径。

二、特色产业的培育路径

（一）技术创新与产业升级

技术创新是特色产业升级的核心驱动力，其路径选择必须立足于产业特性和发展阶段。演化经济学理论指出特色产业的技术演进具有显著的路径依赖性，这决定了其创新过程必须遵循“渐进式改良”而非“颠覆式创新”的基本逻辑。江苏宜兴紫砂产业的创新实践印证了这一路径的有效性：通过引入 3D 打印技术进行产品原型设计将设计周期缩短 70%，严格保留手工拍打成型等核心工艺，使生产效率提升 40% 的情况下仍能维持产品的艺术价值。这种“技术赋能 + 工艺守正”的创新模式，本质上是对传统产业知识体系的创造性转化，既避免了现代技术对传统特色的消解，又克服了故步自封导致的发展停滞。

特色产业技术创新的关键突破点应聚焦于工艺、设备和产品的协同演进。从技术创新理论来看，工艺改进（如普洱茶发酵工艺的温湿度精准控制）解决的是“如何生产”的问题，设备升级（如东阳木雕的数控雕刻机辅助加工）改善的是“用什么生产”的条件，而产品创新（如苏州刺绣与现代服饰的跨界融合）则拓展了“生产什么”的可能。这三个维度构成的技术创新矩阵，需要与产业特色保持动态适配：通过建立“技术创新路线图”明确各阶段研发重点，如景德镇陶瓷产业区分了原料处理、成型工艺、烧制技术等创新板块；构建“传统技艺数据库”确保核心技艺在创新过程中不失真；有效的技术创新机制需要产业界、学术界和政府的三方协同——企业提供应用场景，科研机构攻克技术瓶颈，政府搭建转化平台。

（二）品牌建设与市场推广

品牌建设是特色产业价值实现的关键路径，其战略定位与实施机制需要系统性的理论支撑和实践创新。基于品牌生态理论，特色产业品牌体系的构建应当遵循“金字塔”模型：顶层是区域公用品牌，承担产业整体形象塑造和品质背书功能；中层是龙头企业品牌，发挥市场引领和标准示范作用；基层是产品细分品牌，满足差异化消费需求。法国香槟产区的品牌管理模式为此提供了经典范例：通过 AOC（原产地命名控制）制度严格限定地理边界和生产工艺，配合三级质量追溯体系（葡萄园注册、酿造过程记录、产品编码溯源），既维护了“香槟”品牌的整体价值，又为各酒庄保留了个性化发展空间。云南普洱茶产业的品牌实践印证了这一模式的有效性：区域公用品牌“普洱茶”地理标志保护范围涵盖 11 个州市，通过统一的感官审评标准和理化指标确保品质底线；鼓励企业开发“老班章”“冰岛”等细分山头品牌，形成层次分明的品牌矩阵。这种双品牌体系的核心价值在于既避免了“公地悲剧”导致的品牌贬值，又防止了垄断经营带来的创新抑制。

市场推广策略的创新，需要实现传统渠道与数字营销的深度融合。根据整合营销传播理论，特色产业的市场拓展应当构建“三维立体”传播体系：空间维度上建立“原产地体验中心 + 城市展示窗口 + 电商平台”的全渠道网络，时间维度上打造“季节性节庆 + 常态化活动 + 新媒体传播”的持续曝光机制，内容维度上形成“产品功能 + 文化内涵 + 消费场景”的多层次叙事结构。福建安溪铁观音产业的营销创新具有示范意义：线下建设“茶都”实体市场与数十个体验馆构成的实体网络；线上发展“电商 + 直播 + 社群”的数字营销体系，2022 年线上交易额突破 80 亿元；文化传播方面通过“茶王赛”“开茶节”等 IP 活动持续强化品牌认知。这种全渠道营销模式的成功关键在于，通过数字化手段突破地理空间限制使区域特色产品获得全国性乃至全球性的市场覆盖，保持原产地文化的真实性和感染力。当前特色产业市场推广正面临从“产品营销”向“价值营销”的转型升级，这要求品牌建设不仅要关注功能属性的传达，更要注重文化价值的挖掘和消费体验的营造。

（三）产业链延伸与集群发展

产业链延伸与集群发展是特色产业实现规模效应和价值跃升的高级形态。基于产业集群理论特色产业链的优化应当遵循“梯度推进”原则：通过“强链”工程巩固核心环节竞争优势，重点提升关键技术和工艺水平；实施“补链”策略完善配套体系，填补产业链空白和薄弱环节；推进“延链”战略拓展价值空间，向研发设计和品牌服务等高附加值领域延伸。意大利艾米利亚 – 罗马涅地区的“产业区”模式为此提供了经典范式：通过建立行业协会制定行业标准依托技术中心推动共性技术研发，借助合作银行提供专项金融服务，形成了高度协同的产业生态系统。我国浙江绍兴纺织产业集群的发展印证了这一路径的有效性：通过强化化纤原料优势环节补足印染环保技术短板，延伸至纺织机械和时尚设计领域，构建了从“一根丝”到“一件衣”的完整产业体系，这种集群化发展的本质是通过空间集聚和专业分工降低交易成本，促进知识溢出，形成难以复制的区域竞争优势。

特色产业集群的治理创新需要构建多层次的支持体系。根据创新生态系统理论有效的集群发展模式应当整合“硬环境”与“软服务”：在物理空间层面，建设专业化园区提供标准化厂房和共享设施；在技术服务层面，建立公共创新平台解决共性技术难题；在配套服务层面，完善金融、物流、检测等生产性服务体系。江苏南通家纺产业集群的实践具有示范意义：建成50万平方米的现代化产业园，设立国家级质量检测中心和花型设计数据库，配套发展供应链金融和跨境电商服务，形成了“织造—印染—成品—销售”的紧密协作网络。当前数字经济为产业集群升级提供了新动能，通过工业互联网平台实现产业链数字化协同，如广东佛山陶瓷产业集群建设的“数字链主”平台，连接了2000余家上下游企业。这种“物理集聚＋数字连接”的新型集群形态，既保持了地理邻近带来的协同优势，又突破了空间限制拓宽合作边界，代表着特色产业集群未来的发展方向。

三、特色产业发展的政策支持

（一）财政支持与金融扶持

财政支持政策的设计应当立足于对市场失灵理论与政府干预边界的精准把握。根据制度经济学原理，有效的财政支持需要识别特色产业发展中的正外部性领域，通过差异化政策工具实现资源的最优配置。德国中小企业的政策实践表明，构建与产业生命周期相匹配的阶梯式支持体系非常重要：初创期侧重于研发补助降低创新风险，成长期采用税收优惠培育内生动力，成熟期转向市场拓展支持增强国际竞争力。这种时序递进的政策安排既避免了资源配置的低效，又确保了政策干预的适度性。我国部分地区探索的绩效导向型财政政策，通过建立综合评价指标体系将财政支持与企业创新投入、质量提升等关键绩效挂钩，有效提升了政策精准度和实施效果。

金融扶持机制的创新需要着力破解特色产业融资面临的信息不对称和抵押不足等结构性难题。基于金融深化理论，构建多层次、差异化的金融服务体系是解决这一问题的关键路径。“特色产业信贷风险补偿基金”通过政府增信和风险分担机制，显著改善了金融机构的风险收益结构，为轻资产特征的特色产业提供了可行的融资解决方案。浙江等地实践的“政银保”合作模式，通过整合政府政策资源、银行资金优势和保险风险分散功能形成了可持续的商业运作机制。更具前瞻性的是，借助区块链等数字技术构建的产业金融平台，通过实现资产数字化和信用可视化为传统金融工具难以覆盖的特色产业细分领域提供了新的融资可能。这些创新实践的核心价值在于既尊重了金融市场运行规律，又针对特色产业特殊性进行了适应性改造。

（二）人才引进与培养机制

人才引进与培养机制的构建需要立足于特色产业发展的特殊人力资本需求。根据人力资本理论，特色产业所需技能具有高度的专用性和默会性特征，这决定了其人才培养必须采取“内生培育”与“外部引进”相结合的复合路径。瑞士制表业的经验表明，有效的技能传承体系应当融合正规教育的技术训练、企业实践的技艺传授以及行业认证的质量控制，形成完整的职业能力发展通道。县域层面推行“产业教授”制度，通过赋予资深匠人教学职称和带徒责任既实现了传统工艺的活态传承，又促进了产业经验向知识体系的转化。这种制度设计的关键在于打破产学研之间的体制壁垒，构建知识与技能双向流动的良性循环。

返乡创业支持政策的创新需要关注人才流动的社会文化维度。从推拉理论视角来看，特色产业人才的区域集聚不仅受经济因素驱动，更与地方认同感和职业发展预期密切相关。完善的人才回流机制应当包含职业发展平台搭建、社会荣誉体系重构和生活品质提升等多维度的政策干预。通过建立特色产业人才库和创业孵化基地，为返乡人才提供专业对口的职业发展空间；营造尊重工匠精神的社会氛围，提升技能型人才的社会地位和职业自豪感。这种综合性的政策设计既能吸引外部人才流入，又能激发本土人才的归属感，为特色产业可持续发展提供稳定的人力资源支撑。

（三）政府引导与市场驱动结合

政府与市场关系的调适是特色产业培育中的核心制度安排。根据新制度经济学理论，有效的政府干预应当聚焦于市场机制难以自发解决的领域，通过制度供给降低交易成本、矫正外部性效应。政府通过建立产品质量标准体系、构建区域品牌保护机制、完善基础设施配套等举措，为市场主体创造了公平竞争的发展环境，而非直接参与生产经营活动。这种“赋能式”治理模式的关键在于既保持了市场配置资源的决定性作用，又通过精准的制度创新弥补市场缺陷，形成政府与市场优势互补的协同格局。

现代产业治理要求政府从“主导者”向“服务者”角色转型。依据治理理论，政府的核心职能在于构建有利于产业创新的制度生态，而非替代市场主体进行经济决策。具体到特色产业领域，政府应当着力于：建立健全产业标准体系，解决信息不对称导致的市场失灵；强化知识产权保护，激励创新投入；完善公共服务平台，降低企业交易成本。这种治理模式的转变本质上是通过厘清政府与市场的功能边界，既避免过度干预对市场活力的抑制，又防范监管缺位引发的无序竞争，最终实现特色产业高质量发展与市场效率提升的有机统一。

第四章　数字化赋能县域特色产业的路径

在全球数字经济加速演进与我国乡村振兴战略纵深推进的双重背景下，县域特色产业的数字化转型已从技术命题升维为系统性变革课题。本章立足于“技术—产业—市场”的三维互动框架，试图解构数字化赋能县域特色产业的内在机理与实践路径。县域特色产业的数字化转型本质上是生产要素的重新配置与产业生态的重构过程。智慧农业技术通过数据要素的渗透，打破了传统农业生产的“黑箱”（经验主义）状态；产业链数字化协同则推动了“小农户”与“大市场”的有机衔接；而数字化品牌营销正在重塑农产品价值传递的逻辑。这一进程既遵循“技术采纳—效率提升—价值创造”的普遍规律，又因县域经济的地域性、产业形态的多样性而呈现出显著的差异化特征。

本章的结构安排遵循“微观技术应用—中观产业协同—宏观市场拓展”的递进逻辑：聚焦农业生产环节的数字化技术渗透，揭示数据如何成为新的农业生产要素；剖析数字化对县域产业链“纵向整合”与“横向协同”的双重作用；探讨数字化如何通过重构消费者连接方式，实现特色产业的价值增值。这种由点及面的分析框架既回应了县域经济高质量发展的现实需求，也为数字时代乡村产业振兴提供了理论注脚。

第一节　数字化技术在农业生产中的应用

在农业现代化转型与乡村振兴战略实施的双重背景下，数字技术与农业生产的深度融合正在引发一场深刻的产业革命。本节立足于技术经济学与发展社会学的交叉视角，系统考察数字技术对农业生产方式、管理模式和质量安全体系的系统性重构。这一变革不仅体现在技术工具层面的革新，更蕴含着农业生产关系与产业组织形态的深层次转型。农业数字化转型呈现出三个显著特征：物联网、大数据等技术实现了农业生产要素的“数据化”和“可视化”，打破了传统农业生产的“黑箱”状态；智能装备与信息系统推动农业生产从“机械替代人力”向“智能优化决策”跃迁；区块链等技术重构了农产品质量安全的信任机制，重塑了生产者和消费者的契约关系。

一、智慧农业的技术应用

（一）物联网与农业传感器技术

物联网与农业传感器技术的融合应用，标志着农业生产方式正经历着从经验依赖到数据驱动的范式转变。这一技术体系通过构建智能化的环境监测网络，实现了对作物生长微环境的精准感知与动态调控，其核心在于将物理世界的农业生产要素转化为可量化、可分析的数字信息。从技术哲学的视角来看，这种转变不仅体现在监测手段的革新，更深刻地改变了传统农业生产的认知方式和决策模式，为精准农业的发展奠定了数据基础。

该技术体系的运行机理体现了多学科知识的交叉融合，传感器技术是物联网系统的感知终端，其工作原理涉及微电子学、材料科学等多个学科领域；而数据的传输与处理则依托于无线通信技术和云计算平台。这种跨学科的技术集成使得农业生产系统具备了类似生物体的“神经感知”能力，能够实时捕捉环境参数的细微变化。从系统论的角度看，这种智能感知网络的建立，使农业生产系统实现了从开环控制到闭环反馈的重要跃升。

物联网在农业领域的应用还引发了生产关系的深层变革。传统农业中高度依赖个人经验的决策模式，正在被基于客观数据的科学决策所替代。这一转变不仅提高了生产过程的标准化程度，也为农业知识的数字化沉淀和跨地域传播创造了条件。从技术社会学的视角来看，物联网技术的普及正在重塑农业生产者的角色定位，推动其从体力劳动者向数据管理者的身份转型，这一变化对农业从业者的技能结构提出了新的要求。

（二）大数据分析与精准农业

大数据分析与精准农业的深度耦合正在推动传统农业生产决策模式发生根本性变革。这一技术范式通过整合多维异构的农业数据资源，构建了基于数据驱动的智能决策体系，其本质是将农业生产过程中的隐性知识显性化、碎片信息系统化。从知识论的角度来看，这种转变突破了传统农业依靠经验传承的局限，使农业生产决策从定性判断转向定量分析，形成了全新的农业认知范式。

该技术体系的理论基础在于对复杂农业系统的建模与解析。通过机器学习算法的迭代优化，系统能够识别作物生长与环境因子间的非线性关系，挖掘潜在的生长规律。这种数据建模方法体现了系统科学的思想，将农业生产视为一个动态的复杂适应系统，而非简单的机械组合。从方法论层面来看，大数据分析为理解农业系统的涌现性特征提供了新的研究工具，使原本难以量化的农业知识得以被形式化表征和智能化处理。

大数据驱动的精准农业还引发了农业生产组织方式的深层变革。传统均质化的管理模式正在被差异化的精准调控所替代，这种转变不仅体现在空间维度的变量作业，更反映在时间维度上的动态优化。从农业经济学的视角来看，这种基于数据的精细化管理正在重塑农业生产函数的基本形态，使资源配置效率突破传统生产可能性边界的限制，为农业可持续发展提供了新的实现路径。

（三）无人机与遥感技术的应用

无人机与遥感技术在农业领域的融合应用标志着农业生产监测方式正经历着从静态抽样到动态全域的认知跃迁，这一技术体系通过构建低空遥感观测网络实现了对农田生态系统的多尺度、多时空感知，其核心价值在于突破了传统地面观测的时空局限性。从技术哲学的视角来看，这种“空—天—地”一体化的监测范式不仅扩展了人类的感知维度，更重构了农业生产的空间认知框架，使原本不可见的作物生长动态变得可视化、可量化。

该技术体系的理论创新体现在对地观测技术与农学知识的深度耦合，多光谱传感器捕获的植被指数信息，通过辐射传输模型的解译转化为反映作物生理状态的诊断指标。这种将物理信号转化为生物信息的解码过程，体现了农业遥感特有的学科交叉属性。无人机平台的低空观测填补了卫星遥感和地面调查之间的尺度鸿沟，形成了完整的农业遥感观测链条，为精准农业提供了全新的数据支撑。

无人机技术的农业应用还引发了植保作业模式的范式变革，传统均质化的施药方式正在被基于处方图的变量作业所替代，这种转变不仅体现在施药效率的提升，更深刻地改变了植保作业的精准化程度。无人机施药系统的动态调控能力使得农药施用从经验性操作转变为基于生物需求的精准干预，这一转变对减少农业面源污染具有重要的生态意义。

二、农业生产管理的数字化

（一）智能灌溉与施肥系统

智能灌溉与施肥系统的技术演进，体现了现代农业工程从机械化向智能化的范式转变。这一系统通过耦合土壤—植物—大气连续体（Soil-Plant-Atmosphere Continuum，SPAC）的水分运移模型与实时监测数据，构建了动态闭环的决策控制系统，其核心在于突破了传统灌溉的时空均质化操作模式。这种基于作物实际需水规律的精准调控不仅优化了水分利用效率，更重构了农田生态系统的物质循环路径，使水肥管理从经验性操作转变为基于生理需求的精准干预。

该技术体系的理论基础在于对土壤—植物—大气连续体系统的动态建模与优化控制，通过将作物生长模型、土壤水动力学模型与气象预测模型进行多尺度耦合，系统能够实现灌溉决策从静态计划向动态响应的转变。这种智能调控机制创造性地解决了有限水资源与作物需水时空异质性之间的矛盾，为应对气候变化背景下的农业水资源短缺提供了技术范式。

（二）病虫害监测与预警系统

病虫害监测与预警系统的智能化发展标志着植物保护领域正经历着从被动应对到主动预防的范式转型。这一技术体系通过将计算机视觉与深度学习算法相结合构建了基于图像特征的病害诊断模型，其核心价值在于突破了传统植保技术对专业知识的依赖壁垒。这种智能诊断模式不仅实现了病害特征的量化表征，更重构了病虫害识别的知识传递路径，使原本需要长期经验积累的专业判断转化为即时可得的数字化服务。

该系统的技术机理体现了生物信息学与人工智能的深度交叉。通过卷积神经网络对病斑形态特征的层级化提取，该系统能够建立视觉模式与病理诊断之间的映射关系。这种基于机器学习的诊断方法创新性地解决了非结构化图像数据与标准化病害分类之间的转换难题。该系统通过持续学习不断扩充的病例样本形成了动态进化的诊断能力，这种自我完善的特性使其具备应对新型病虫害暴发的潜在适应性。

（三）农业机械的智能化与自动化

农业机械的智能化与自动化发展，标志着农业生产方式正在经历从机械化向智能化的深刻变革，这一技术演进不仅体现在作业装备的升级换代，更蕴含着农业生产关系的系统性重构。智能农机装备通过集成导航定位、环境感知和自主决策等关键技术，实现了农业机械从“工具”到“智能体”的身份转变。这种转变突破了传统农机受限于人类操作精度的局限，使农业生产过程具备了自主适应复杂农田环境的能力，为精准农业的实施提供了物质基础。

智能农机系统的技术架构体现了多学科知识的深度融合。北斗导航系统提供的高精度定位服务与5G通信技术实现的低时延传输，共同构成了智能农机的感知神经系统；而基于人工智能的路径规划算法则赋予农机装备自主决策能力。这种将环境感知、信息处理和机械控制集成为闭环系统的技术路径使农业机械具备了类似生物体的自适应特性。特别值得注意的是，智能农机系统通过数字孪生技术构建的虚拟仿真环境，实现了对复杂农田作业场景的数字化映射，为农机智能算法的训练优化提供了重要支撑。

农业机械智能化引发的产业变革正在重塑农业生产组织方式。传统依赖熟练农机手的作业模式逐渐被无人化农场管理系统所替代，这一转变不仅改变了农业劳动力的技能需求结构，更推动了农业生产向标准化、规模化的方向发展。智能农机系统通过提升作业精度和延长有效作业时间，显著改变了农业生产函数的要素配置效率。智能农机产生的海量作业数据为构建农业知识图谱提供了重要素材，这种数据驱动的知识发现模式正在改变农业技术的创新范式，为农业现代化注入了新的发展动能。

三、农产品质量追溯与安全管理

（一）区块链技术在溯源中的应用

区块链技术在溯源中的应用，代表着食品安全保障体系正经历着从中心化监管到分布式信任的技术范式转变，这一创新性应用通过密码学原理与分布式账本技术的有机结合，构建了全新的农产品质量安全信任机制。区块链溯源系统不仅实现了供应链信息的透明化，还重构了生产者与消费者之间的信任关系，使食品安全信息从传统的单向传递转变为多方共建的可验证体系。

该技术体系的核心价值在于其独特的信任建立机制，区块链通过哈希算法、时间戳和共识机制等技术要素，形成了具有时序性和不可篡改性的数据记录方式。从信息论的角度分析，这种分布式存储结构有效解决了传统溯源系统中存在的信息孤岛和数据真实性难题。每一笔交易数据都经过网络节点的共同验证，并以区块的形式永久存储在链上，这种技术特性使农产品从生产到消费的全过程信息都具有可追溯性和可审计性。

区块链溯源系统的应用还引发了农产品供应链管理的深层次变革，传统线性供应链结构正在向网络化、透明化的价值共同体转变。区块链技术通过智能合约实现了供应链各环节的自动化协同，不仅提高了信息流转效率，更建立了基于技术约束的诚信履约机制。当农产品检测数据、物流信息等关键指标被实时记录在链上时，供应链各参与方都将自发地规范自身行为，这种技术驱动的自律机制显著降低了质量安全监管成本。

区块链溯源技术的普及正在重塑农产品价值实现路径，消费者通过扫码获取的不仅是产品信息，更是参与质量监督的权利。这种新型的产销互动模式使农产品价值评估从单一的价格维度扩展到包含安全、品质、可持续性等多元维度。区块链技术为农产品品牌建设提供了可信的技术背书，使区域公用品牌的价值主张能够获得消费者的实质性认同，从而在激烈的市场竞争中建立差异化优势。

（二）数字化质量检测与认证

数字化质量检测与认证技术的发展标志着农产品品质评估正经历着从经验判断到客观量化的方法论革命，这一技术演进通过多学科交叉融合构建了全新的农产品质量评价体系，其核心在于突破了传统感官评价的主观性和局限性。近红外光谱、电子鼻等智能检测技术的应用，实现了农产品品质特征从宏观表象到微观成分的认知深化，使原本依赖专家经验的品质鉴定转变为基于物理化学特征的科学分析。

该技术体系的理论基础在于物质成分与光学特征之间的映射关系，近红外光谱技术通过分析分子振动产生的特征吸收光谱，建立起农产品内部成分与光学信号之间的定量关系模型。从分析化学的角度看，这种无损检测方法创新性地解决了传统化学分析破坏样品、耗时长的技术瓶颈。智能检测设备通过模式识别算法对多维数据进行降维处理，能够提取出反映农产品品质的关键特征指标，这种数据驱动的建模方法为建立标准化的质量评价体系提供了科学依据。

数字化检测技术的普及正在重塑农产品质量治理的范式，传统的终端抽检模式逐渐被全过程质量监控所替代，这一转变不仅提高了监管效率，更推动了质量安全控制从被动应对向主动预防转变。数字化检测设备的小型化和便携化趋势，使质量监测可以嵌入农产品生产、加工、流通的各个环节，形成了覆盖全产业链的质量数据链。这种实时、连续的质量信息采集方式，为构建基于大数据的农产品质量预警系统奠定了技术基础。

数字化认证体系正在改变农产品价值实现机制。当品质特征能够被客观量化并直观展示时，农产品的价值评估就突破了传统以产地和品种为依据的粗放模式。从市场信号理论的角度分析，数字化认证技术通过降低质量信息的不对称性，有效解决了农产品市场的“柠檬效应”。消费者可以基于可验证的品质数据作出购买决策，这种透明的交易环境不仅提高了市场运行效率，更为优质优价的市场机制形成创造了必要条件，最终推动农业产业向高质量发展方向转型。

（三）食品安全与消费者信任建设

食品安全与消费者信任建设在数字化时代的演进，体现了现代食品治理体系从监管导向到共治导向的范式转变。这一系统性变革通过技术创新与传播革命的协同作用，构建了新型的食品安全社会契约。数字化认证体系不仅提供了技术可信度，更重要的是重建了后工业化时代断裂的“食品—消费者”关系，使食品安全保障从政府单方面监管转变为生产者、监管者和消费者共同参与的社会化治理过程。

该体系的核心机制在于构建了多维度的信任传递路径，区块链认证通过技术刚性确保了数据的真实性，社交媒体则通过人际网络实现了信息的病毒式传播，两者的结合形成了技术验证与社会监督的双重保障。这种“硬技术”与“软传播”的有机结合，使食品安全信息既具有技术可信性，又具备情感共鸣力，从而在理性认知和感性认同两个层面同时建立消费者信任。当消费者通过社交媒体分享产品溯源信息时，实际上参与了食品安全的社会化监督，这种参与感进一步强化了信任关系。

数字化信任建设正在深刻改变食品市场的运行逻辑。传统的品牌价值构建主要依赖广告宣传和质量承诺，而数字化时代则转向可验证的质量数据和透明的供应链展示。从品牌管理理论来看，这种转变使品牌价值的基础从象征性符号转变为实质性证据，消费者对品牌的认同从情感依附升级为理性认可。当食品生产企业将整个供应链数字化并开放给消费者查询时，实际上是在践行“透明化经营”理念，这种开放性姿态本身就具有强大的信任建立作用。

数字化食品安全体系促进了风险社会的信任机制创新。面对现代社会高度复杂的食品体系，消费者难以通过个人知识判断食品安全性，必须依赖制度化的信任机制。数字化认证体系通过技术手段将抽象的制度信任转化为具体的可验证信息，使消费者能够跨越专业知识门槛建立消费信心。这种信任机制不仅降低了消费者的决策成本，也为食品企业提供了差异化竞争的工具，最终推动整个食品产业向更高质量、更可持续的方向发展，形成良性循环的食品安全生态。

第二节　数字化推动产业链协同与优化

在数字经济与实体经济深度融合的时代背景下，农业产业链正经历着全新的数字化变革。本节立足于新制度经济学与产业生态理论的交叉视角，系统探讨数字技术如何重塑农业产业链的组织形态、协同模式和价值分配机制。这一变革不仅体现在技术应用层面的创新，更深刻地反映了农业产业组织范式从线性分工向网络化协同的演进过程。本节采用“上游整合—中游升级—下游延伸”的三维分析框架：考察数字技术对农业生产资料配置、主体协作和金融服务等上游环节的改造作用，分析加工制造、仓储物流等中游环节的智能化转型路径，探讨销售渠道、需求分析和价值闭环等下游环节的数字化延伸。这种全链条、多层次的分析视角既揭示了数字技术对产业链各环节的差异化影响，又展现了产业链整体优化的协同效应。

一、产业链上游的数字化整合

（一）农业生产资料的数字化管理

农业生产资料的数字化管理代表着现代农业要素配置范式的根本性转变，这一变革通过将实体农资与数字孪生技术相结合，构建了生产要素全流程可视化的新型管理体系，其核心在于突破了传统农资管理的时空局限性。这种数字化管理不仅实现了农资使用过程的透明化记录，也重构了农业生产要素的配置逻辑，使原本静态的农资调配转变为基于作物实际需求的动态优化过程。

该系统的技术架构体现了工业互联网思维与农业生产的深度融合，物联网传感器实时采集的田间数据与 ERP 系统的资源规划功能形成闭环反馈，这种数据驱动的决策机制创新性地解决了农资供需匹配的精准性问题。农资数字化管理系统通过建立要素投入与产出效益的量化关系模型，使农业生产系统具备了自我优化的适应性特征。区块链技术的引入为农资质量追溯提供了不可篡改的技术背书，这种可信数据存证机制有效遏制了假冒伪劣农资的市场流通。

农资数字化管理的制度创新价值同样值得关注。传统的农资市场监管主要依靠抽样检查和行政处罚等事后监管手段，而数字化管理体系则实现了全过程动态监管。从规制理论视角看，这种“以数治农”的新型监管模式，通过技术手段将合规要求嵌入经营流程使监管重心从事后惩戒转向过程控制。当农资生产、流通、使用各环节的数据都被实时记录并开放共享时，市场各参与方都将自发形成合规意识，这种技术赋能的共治机制显著提高了监管效能。

传统以产品为中心的营销模式逐渐被以服务为导向的解决方案所替代，这种转变不仅改变了农资企业的价值创造方式，更重塑了整个行业的竞争格局。农资数字化催生的精准农业服务新业态，使农资企业从简单的生产资料供应商转型为农业生产服务商，这种角色转变正在深刻影响农业社会化服务体系的演进方向。

（二）农户与合作社的数字化协作

农户与合作社的数字化协作代表着农业经营组织形态的范式性变革，这一演进过程通过数字平台的媒介作用，构建了新型农业经营主体与小农户之间的协同共生关系，其本质是传统农业生产关系的数字化转型。这种数字化协作不仅改变了农业生产经营的具体方式，也重构了农业知识的传递路径与扩散机制，使原本基于地缘、亲缘的局部性经验交流转变为突破时空限制的网络化知识共享。

该协作模式的技术基础在于农业生产知识的数字化封装与智能推送，通过将农艺专家的技术方案、种植能手的实践经验转化为结构化的数据模型，数字平台实现了农业知识的标准化表达与精准化匹配。这种显性化处理突破了传统农业知识难以大规模传播的困境，形成了“数据驱动—算法优化—实践反馈”的闭环知识创新体系。移动终端的普及使数字平台能够根据农户的个性化需求，在特定农时推送定制化的生产建议，这种情境化的知识服务极大地提高了技术采纳的有效性。

数字化协作引发的制度创新体现在新型农业合作组织的涌现。“云合作社”是数字时代的组织创新，通过虚拟网络整合分散的经营主体在保持产权独立性的同时实现运营协同性。从新制度经济学视角来看，这种组织形态兼具市场机制的交易效率和企业组织的协调优势，其合约设计既通过数字认证保障履约可靠性，又保留足够的灵活性以适应农业生产的生物特性。当生产计划、农资采购、产品销售等环节都在云端平台协同完成时，小农户实质上获得了与规模经营主体相当的市场议价能力。

数字化协作正在重塑小农生产与现代市场体系的衔接方式。传统的小农户通常因信息不对称和交易成本过高而被排斥在现代农业体系之外，而数字平台通过降低协作门槛和认证成本，为其提供了平等参与的市场机会。这种数字化赋能使小农户既保持了家庭经营的内生动力，又能获取社会化服务的规模效益，为破解小农户与现代农业有机衔接这一世界性难题提供了中国方案。这种制度创新不仅具有经济效率意义，更蕴含着促进社会公平的重要价值。

（三）供应链金融与数字化服务

农业供应链金融的数字化转型标志着农村金融服务范式的深刻变革，这一创新通过数据要素的深度渗透，重构了传统农业信贷的风险评估与定价机制，其本质是金融资本与农业产业数据的有机融合。从金融地理学的视角来看，数字化服务不仅打破了农村金融市场的空间壁垒，也建立了基于产业实际价值的信用评价体系，使金融机构的信贷决策从依赖静态抵押物转向动态产业链价值评估。这种转变创新性地解决了农业经营主体因缺乏合格抵押品而面临的融资约束问题，为农村金融市场注入了新的活力。

该模式的技术内核在于多维度数据资产的金融化转换，通过物联网采集的生产经营数据、电子化交易记录的商业信用数据以及卫星遥感获取的资产状况数据共同构成了新型农业信用评价的数据基础。这种全景式数据画像有效缓解了农村金融市场的信息不对称问题，使金融机构能够精准识别优质客户并合理定价风险。区块链技术的应用确保了供应链数据的真实性与不可篡改性，智能合约则实现了信贷资金的自动化投放与回收，这种技术组合不仅提高了金融服务效率，更构建了风险可控的可持续商业模式。

二、产业链中游的数字化升级

（一）农产品加工与制造的智能化

农产品加工与制造的智能化转型标志着农业工业化进程迈入以数据为核心驱动力的新发展阶段，这一变革通过智能感知技术与自适应控制系统的深度融合，重构了农产品加工的价值创造逻辑，其本质是加工制造范式从机械化向智能化的跃迁。智能化改造不仅提升了加工环节的生产效率，也赋予加工系统自主感知、分析和决策的能力，使传统依靠人工经验的质量控制转变为基于实时数据反馈的精准调控，从而实现了农产品加工从标准化向个性化定制的跨越式发展。

该转型的技术架构呈现出多学科交叉融合的典型特征，机器视觉系统通过深度学习算法实现对农产品外观品质的毫秒级识别与分拣，柔性控制系统则依托数字孪生技术构建虚拟加工环境以优化工艺参数。这种“感知—决策—执行”的闭环控制机制，使加工系统能够动态适应原料特性的自然波动，显著提升了产品质量稳定性。智能加工系统通过持续学习积累的工艺知识库不仅封装了专家经验，更能通过算法迭代产生新的加工专项技术，这种知识创造能力为农产品加工创新提供了可持续的动力源泉。

智能化加工对县域特色产业升级的战略意义不容忽视。传统农产品加工企业受限于技术瓶颈，通常陷入低水平同质化竞争的困境，而智能化为差异化竞争创造了技术条件。智能加工设备赋予企业快速响应市场需求变化的能力，使其能够承接高端定制化订单，从而突破“低端锁定”的产业发展陷阱。智能化加工产生的全流程数据资产为构建从田间到餐桌的全程质量追溯体系提供了基础支撑，这种透明化生产模式正在重塑消费者对农产品品牌的信任机制，为县域特色产业实现品牌溢价开辟了新路径。

（二）仓储物流的数字化优化

农产品仓储物流的数字化转型本质上重构了农产品流通的时空配置逻辑，这一变革通过物联网、大数据等技术的系统性集成，构建了农产品供应链的新型基础设施网络，其核心在于突破了传统物流体系的刚性管理模式。数字化优化不仅提升了物流效率，还建立了基于实时数据驱动的弹性调度机制，使农产品流通从静态的“储存—运输”模式转变为动态的“感知—响应”模式，从而有效应对农产品易腐性和季节性的特殊挑战。

该体系的技术创新体现在三个层面的深度融合：感知层，温湿度传感器、RFID 标签等设备实现了农产品品质状态的全程可视化监测；分析层，机器学习算法通过历史数据训练建立农产品货架期预测模型；执行层，智能调度系统基于实时路况和市场需求的动态变化优化配送路径。这种数字化物流网络展现出显著的自组织特性，各节点能够根据系统整体状态自主调整运作策略。区块链技术的引入构建了不可篡改的物流信息存证体系，为跨主体协作提供了可信的数据基础，这种技术赋能的信任机制正在改变传统农产品流通的契约执行方式。

数字化物流对县域经济空间结构的重塑作用尤为突出，“共享仓储”等新型基础设施通过资源整合与能力开放，显著降低了农产品上行的固定成本门槛。这种分布式物流节点网络正在改变城乡之间的要素流动格局，使县域能够更深入地融入全国统一大市场。物流数字化产生的全链路数据资产，为农产品产销精准对接提供了决策依据，这种数据驱动的供需匹配机制正在推动形成更高效率、更低损耗的现代农产品流通体系，为乡村振兴战略实施提供了重要的基础设施支撑。

（三）供应链协同与效率提升

数字技术驱动的农业供应链协同代表着产业组织理论的重大创新，这一变革通过分布式账本技术与智能合约的有机结合，构建了新型的产业链治理模式，其本质是市场机制与企业科层制之间的第三条道路。这种基于区块链的协同平台创造性地解决了传统农业供应链面临的“协调困境”：既避免了完全市场化交易带来的高额缔约成本，又克服了纵向一体化导致的组织僵化问题。数字协同机制通过算法规则将分散决策与整体优化相统一，使产业链各主体在保持法律独立性的同时实现运营协同性，这种“松耦合、紧协作”的组织形态代表了数字经济时代产业组织演进的新方向。

该协同体系的技术特征体现在三个维度：数据层，区块链构建了不可篡改的分布式数据库，确保各环节信息的真实性与可追溯性；规则层，智能合约将商业逻辑编码为自动执行的程序代码，大幅降低了合约执行与监督成本；协作层，共识算法建立了去中心化的决策机制，使参与主体能够平等地贡献数据并共享价值。这种数字化协同网络呈现出典型的“小世界”特征：既保持局部连接的紧密性，又具备全局联通的高效率。数字协同平台通过通证经济（Token Economy）设计，构建了基于贡献度的价值分配机制，这种激励相容的制度安排有效促进了产业链各方的深度协作。

数字供应链协同对农业产业体系的重构具有深远意义。传统农业产业链由于信息不对称和信任缺失，通常陷入“零和博弈”的竞争困境，而数字化协同创造了“正和博弈”的新型产业生态。这种协同模式通过降低交易成本和提升资源配置效率，正在改变农业价值链的分配格局与增值方式。数字协同平台使产业链各环节形成紧密的知识共享与创新网络，这种基于数字连接的创新生态系统为农业产业转型升级提供了持续动力，也为理解数字经济时代的产业组织演进提供了重要的理论样本。

三、产业链下游的数字化延伸

（一）电商平台与农产品销售

农产品电商平台的兴起与发展，本质上重构了传统农产品流通的价值链体系，这一变革通过数字技术与人际网络的深度融合，构建了生产者与消费者直接对话的新型市场空间。电商平台不仅实现了农产品销售渠道的数字化迁移，也创造了基于情感共鸣与文化认同的价值增值机制。直播电商等新业态通过场景化展示和互动式沟通，将农产品的自然属性、生产过程与地方文化有机结合，使商品交易升华为情感体验与文化消费，从而突破了传统农产品同质化竞争的桎梏。

该模式的技术社会特征体现在：技术应用层，实时视频传输与社交互动功能打破了时空阻隔，实现了产销双方的“虚拟在场”；信息传递层，主播的角色定位与叙事策略重构了产品信息的编码与解码过程；价值创造层，用户生成内容（UGC）与社交分享机制形成了自增强的传播网络。这种新型电商生态正在重塑农产品市场的权力结构，使原本处于价值链末端的生产者获得了话语权与定价权。基于大数据的精准匹配算法使小众化、特色化的农产品能够找到对其价值认同的目标消费群体，这种长尾效应的释放为县域特色产业发展提供了新的市场空间。

农产品电商平台的价值重构对乡村产业振兴具有深远意义。传统农产品销售受制于多层中间环节，生产者难以获取合理的价值回报，而电商平台通过缩短流通链条和建立直接联系，使价值分配更加向生产者倾斜。这种“数字赋能”不仅提高了农民收入，还重塑了乡村产业发展的内生动力。当农产品能够通过文化叙事和情感联结实现品牌溢价时，乡村特色资源的市场价值得到充分释放，这为激发乡村创新创业活力、促进城乡要素平等交换提供了重要路径。农产品电商正在推动形成一种基于数字连接的城乡融合发展新模式。

（二）消费者需求分析与市场预测

农产品市场需求的认知范式正在经历从经验判断到数据驱动的根本性转变，这一演进过程通过大数据技术的系统性应用，重构了传统农产品市场分析的方法体系，其核心在于将消费者行为从不可观测的黑箱状态转化为可测量、可分析的数据对象。从消费行为学的理论视角来看，数字化分析不仅提高了需求预测的准确性，还揭示了隐藏在表面消费行为之下的深层动机和偏好结构。社交媒体数据、搜索行为记录和交易日志等多源信息的融合分析，使市场研究者能够突破传统调查方法的局限性，捕捉消费需求变化的微观信号和宏观趋势。

该分析体系的技术架构呈现出鲜明的跨学科特征：数据采集层，网络爬虫和物联网设备构建了全景式的信息获取网络；分析建模层，机器学习算法通过特征工程和模式识别，从非结构化数据中提取有价值的商业洞见；应用决策层，可视化工具和预警系统将分析结果转化为可操作的商业智能。这种数字化分析方法的创新性在于其处理复杂系统的能力——通过纳入气象数据、经济指标等外生变量建立了市场需求的多因素响应模型。自然语言处理技术的进步使得情感分析能够量化消费者对特定农产品的态度倾向，这种定性到定量的转换极大地丰富了市场研究的维度。

数字化需求分析对农业产业体系的变革影响深远。传统农业生产由于信息滞后性通常陷入“蛛网模型”的周期性波动，而实时数据监测和预测分析为打破这一困境提供了技术可能。从农业经济学视角来看，当需求预测能够准确识别消费升级的趋势性变化时，农业生产结构就可以进行前瞻性调整，从而实现供给与需求在更高层次的动态平衡。这种用户导向的市场分析方法正在重塑农产品价值链的权力结构——消费者偏好成为驱动品种改良、工艺创新和服务升级的核心力量，这种需求拉动的创新模式显著提高了农业产业的市场适应性和竞争力。数字化需求分析能力的提升将为构建敏捷、高效的现代农业产业体系奠定坚实的基础。

（三）产业链闭环与价值提升

数字技术驱动的农业产业链闭环代表着产业组织理论的重大创新，其本质在于构建了需求侧与供给侧之间的动态平衡机制。这一闭环系统通过消费数据的实时采集与智能分析，实现了市场信息向生产端的精准反馈，使传统线性产业链转变为具有自我调节能力的循环生态系统。这种闭环运行突破了农业产业长期面临的信息滞后性问题，通过建立前馈与反馈的双向调节通道，显著提升了产业系统的稳定性和适应性。区块链技术的应用确保了数据传导过程的真实性与完整性，智能合约则实现了价值分配的自动执行，这种技术组合不仅优化了产业链协同效率，更构建了基于贡献度的收益共享机制。

产业链数字化闭环对农业价值创造模式的革新具有深远意义。传统农业价值链各环节通常处于割裂状态，导致价值增值难以在各主体间合理分配，而数字闭环通过全程可追溯的价值记录与透明化分配机制，实现了产业链利益的均衡分布。这种新型组织形态正在推动农业竞争范式从单一环节的成本竞争转向全链条的价值竞争，各参与主体通过数据共享与能力互补，共同构建更具韧性和创新力的产业生态系统。产业链数字化闭环催生的新型合作模式，使小农户能够深度融入现代农业体系并公平分享发展成果，这为破解小农生产与现代市场有机衔接的世界性难题提供了创新路径。

第三节 数字化助力品牌建设与市场拓展

在数字经济深度演进与消费升级双重驱动的时代背景下，农产品品牌建设与市场拓展正经历着从工具理性到价值理性的范式跃迁。本节基于品牌资产理论与数字媒介研究的交叉视角，构建"品牌塑造—市场拓展—服务升级"的三维分析框架，系统阐释数字技术如何重构农业品牌的价值创造与传递逻辑。这一变革不仅涉及营销手段的技术性革新，也反映了数字经济时代农业品牌建构范式的根本性转变。本节采用递进式的结构安排：探讨数字技术如何赋能品牌核心价值的挖掘与表达，分析数字化工具对市场边界拓展和消费群体触达的革新作用，考察数字服务对用户体验和品牌忠诚度的提升机制。这种从价值建构到价值传递再到价值固化的逻辑脉络既揭示了数字化品牌建设的完整价值链，也提供了理解农业品牌数字化转型的系统性视角。

一、数字化品牌建设的策略

（一）区域公用品牌的数字化推广

区域公用品牌的数字化推广体现了传统地域品牌在数字时代的适应性转型与价值重构，这一演进过程通过数字技术的系统性赋能，构建了地理标志产品的新型传播生态，其本质是品牌价值创造逻辑从单向输出到多方共演的范式转变。数字化推广不仅改变了品牌信息的传递效率，更重构了生产者、消费者与地方政府之间的权力关系，使区域品牌从静态的地理标志转变为动态的文化实践场域。

该推广模式的技术社会特征呈现三个显著维度：内容层面，数字孪生技术实现了地域特色与产品特质的可视化映射，通过虚拟现实等沉浸式媒介构建多维品牌叙事；渠道层面，分布式数字平台打破了传统媒体中心化的传播格局，形成基于算法推荐与社交裂变的扩散网络；参与层面，用户生成内容与协同过滤机制促成了集体记忆的数字化建构。这种数字化推广实质上是在数字空间中对地方性知识进行重新编码与传播，其核心挑战在于保持文化本真性与创新表达形式之间的辩证统一。

数字化推广对区域品牌治理体系的革新尤为深刻。传统区域品牌管理通常面临“公地悲剧”与“搭便车”等集体行动困境，而数字工具通过构建透明化的贡献记录与利益分配机制，为多元主体协同治理提供了技术可能。区块链赋能的数字资产管理体系建立了基于智能合约的品牌使用规则，既确保了品质标准的统一性，又保留了各经营主体的创新空间。这种“集中管控＋分布式创新”的新型治理模式正在重塑区域公用品牌的发展轨迹，使其在全球化市场中保持独特的文化辨识度与竞争优势。

（二）社交媒体与内容营销

社交媒体时代的农产品内容营销正在引发品牌传播范式的根本性变革，这一转变通过数字媒介环境的重构，建立了生产者与消费者之间新型的符号互动关系，其本质是品牌价值从产品功能层面向社会文化层面的意义延伸。社交媒体不仅是信息传播渠道存在，更重要的是构建了农产品品牌参与社会价值创造的对话空间，使原本局限于物质交换的农产品交易升华为文化实践和情感共鸣的社会过程。

该营销模式的技术文化特征体现在：内容生产层面，用户生成内容与专业生产内容的融合形成了多元化的意义表达体系，短视频、直播等富媒体形式赋予农产品品牌更丰富的叙事维度；传播机制层面，算法推荐与社交关系链的叠加效应创造了“裂变式”扩散路径，使品牌信息能够突破传统社会分层的传播壁垒；价值建构层面，消费者通过评论、分享等参与式行为实际成为品牌意义的共同生产者。从文化研究理论分析，这种营销方式成功的关键在于对“地方性知识”的创造性转化——将农产品的生产环境、工艺传统等地域特色转化为具有普遍共鸣的文化符号，从而在全球化语境中建立差异化的品牌识别。

传统品牌价值评估主要关注认知度和忠诚度等维度，而数字时代的品牌资产越来越体现为在社交网络中的话题热度和情感联结强度。当消费者通过内容互动参与到农产品品牌故事的讲述中时，品牌与用户的关系就从简单的交易关系转变为共同成长的价值共同体。这种转变不仅提升了品牌黏性，还创造了传统营销难以企及的文化渗透力——当农产品品牌成为某种生活方式或价值观念的表征时，其市场竞争力就获得了更为持久的支撑。

（三）品牌故事与文化价值的数字化传播

以往县域特色产业品牌故事与文化价值的传播，多依赖于口耳相传、传统媒体报道，这种方式传播范围有限，受众群体狭窄。数字化时代的到来使社交媒体、短视频平台、电商直播等新兴媒介的兴起，为品牌故事与文化价值传播提供了全新的渠道。这些数字化传播渠道具有传播速度快、互动性强、覆盖面广等特点，能够迅速将品牌故事和文化价值传递给全球各地的消费者，短视频平台以生动直观的视频形式，让消费者更易于理解和接受品牌所传达的信息。

深入挖掘县域特色产业背后的历史文化、地域特色和人文故事是开展数字化传播的基础。以赣南脐橙为例，赣南种植脐橙的历史悠久，蕴含着独特的种植技艺和当地人民的奋斗历程等元素。如果将这些元素融入品牌故事，不仅能丰富品牌内涵，还能赋予品牌独特的文化价值。挖掘这些元素之后需要对内容进行整理和创作，使之更符合数字化传播的要求。运用图片、文字、音频、视频等多种形式，将品牌故事与文化价值生动地呈现出来。

虚拟现实（VR）、增强现实（AR）等数字化技术的应用能够为消费者打造沉浸式的品牌体验，让消费者更加深入地了解品牌故事与文化价值。例如，部分茶叶产区通过 VR 技术，让消费者仿佛置身于茶园之中，亲身体验茶叶的种植、采摘和制作过程，增强消费者对品牌的认知和情感共鸣，借助大数据分析精准定位目标受众，推送个性化的品牌故事与文化内容，提高传播效果。

数字化传播的优势在于能够实现品牌与消费者的实时互动，通过社交媒体平台品牌可以及时回应消费者的提问和反馈，增强消费者的参与感和忠诚度。开展线上互动活动，如品牌故事征文、文化知识问答等，鼓励消费者分享自己的品牌体验和感受，形成口碑传播。这种口碑传播在数字化环境下能够迅速扩散，吸引更多潜在消费者关注。

整合各类数字化传播渠道，构建全方位、多层次的数字化传播矩阵是提升品牌影响力的重要手段。在社交媒体平台进行日常内容运营，吸引粉丝关注；利用电商平台开展直播带货，促进产品销售；与知名博主、“网红”合作，借助他们的影响力扩大品牌传播范围。通过不同渠道之间的协同作用实现品牌故事与文化价值的广泛传播。

品牌故事与文化价值的数字化传播是数字化赋能县域特色产业品牌建设与市场拓展的重要路径。通过挖掘优质内容、利用数字化技术、加强互动和构建传播矩阵能够提升县域特色产业品牌的知名度和美誉度，推动县域特色产业实现高质量发展。数字技术的不断发展会使县域特色产业在品牌建设与市场拓展方面将迎来更多机遇。①

二、数字化市场拓展的路径

（一）电商平台与直播带货

电商平台与直播带货的兴起代表着农产品流通体系正在经历一场深刻的零售革命，这一新型销售范式通过数字媒介技术的创新性应用，重构了传统农产品交易的空间场域与时间维度，其本质是商业交换逻辑从“以货为中心”向“以人为中心”的根本转变。直播电商不仅是一种销售渠道的创新，还构建了融合产品展示、文化传播与社会互动的复合型商业空间，使农产品交易过程获得了全新的社会性与表演性特征。

该模式的技术社会学特征体现在：在空间维度上，直播技术消弭了城乡之间的地理区隔，通过虚拟在场实现了生产场景与消费场景的时空折叠；在人际维度上，主播的角色定

① 姜丽婷 . 数字经济时代县域特色产业发展问题与对策研究 [J]. 全国流通经济，2024（18）：129–132.

位创造了一种新型的信任中介，其专业知识和人格魅力成为降低交易风险的社会资本；在体验维度上，实时互动与限时促销的机制设计激发了消费者的情感投入和参与热情。这种销售方式的成功在于巧妙地融合了传统乡村集市的社交属性与现代电商的效率优势，形成了一种既保留人情温度又具备规模效应的新型市场形态。

直播电商对农产品价值实现机制的创新具有深远意义。传统农产品流通中存在的“柠檬市场”效应，源于质量信息的不对称和信任机制的缺失，而直播带货通过多维度的感官展示和透明化的生产过程呈现，构建了全新的质量信号传递系统。当消费者能够直观地看到农产品的生长环境、制作工艺和生产者形象时，农产品就从同质化的商品转变为具有独特叙事价值的文化载体。这种转变不仅提高了农产品的溢价能力，还为小规模生产者创造了绕过中间环节、直接对接消费者的市场机会，从而重塑了农产品价值链的利益分配格局。

（二）跨境电子商务与国际化市场

跨境电子商务的蓬勃发展正在重塑全球农产品贸易的格局与秩序，这一变革通过数字基础设施的互联互通，构建了无国界的农产品虚拟交易市场，其本质是国际贸易从“地理约束”向“数字连接”的范式转型。数字化贸易平台不仅降低了交易成本，也重构了发展中国家农业参与全球价值链的嵌入方式，使传统上处于价值链边缘的中小生产者获得了直接触达国际消费者的可能性。

该模式的技术制度特征体现在：技术应用层面，机器翻译与智能支付系统克服了语言与货币的跨国障碍，区块链溯源技术则建立了跨境信任的数字化基石；规则适配层面，算法驱动的合规性检查系统能够自动识别并适应不同国家的农产品准入标准，大幅降低了制度性交易成本；市场连接层面，基于大数据的消费洞察帮助县域特色农产品精准定位海外细分市场。从经济地理学角度分析，这种数字化贸易形态创造了一种新型的全球本土化模式，县域农产品既保持了地方特色和文化独特性，又能通过数字平台的标准化接口融入全球市场。

传统国际贸易中存在的“渠道锁定”效应使发展中国家农产品长期被困于低附加值的原料供应商角色，而数字平台通过缩短价值链环节和增强信息透明度，为产业升级创造了新的路径依赖。从发展经济学视角来看，当县域生产者能够直接获取国际市场反馈并快速调整产品策略时，就形成了需求驱动的创新机制。这种机制不仅提高了产品附加值，还培育了应对国际市场的动态能力，为突破“低端锁定”困境提供了数字化解决方案，跨境电商积累的国际贸易数据正在成为新的生产要素，为预测全球需求变化和优化供应链布局提供了战略依据。

（三）消费者数据分析与精准营销

消费者数据分析与精准营销的数字化转型标志着农产品市场研究从抽样推断向全息认知的方法论跃迁，这一变革通过数据挖掘技术与机器学习算法的深度应用，构建了消费者行为的全景式知识图谱，其本质是市场认知范式从“经验假设—验证”向“数据发现—预测”的根本转变。大数据分析不仅扩展了市场研究的观测维度，更重要的是揭示了传统调研方法难以捕捉的消费行为隐性模式，通过解析搜索记录、购买轨迹、社交互动等数字足迹形成了对消费者决策过程的微观解构。当农产品营销能够精准识别消费场景中的情感触发点和认知瓶颈时，市场干预就具备了全新的科学性和预见性。

数字精准营销对农产品市场结构的重塑具有深刻的制度创新意义。传统农产品流通中普遍存在的“生产盲目性”问题，源于产业链各环节的信息割裂和反馈迟滞，而数据驱动的营销系统通过建立实时动态的产销对接，构建了市场信号的高效传导机制。这种转变使农产品供给体系从“推式”供应链向“拉式”需求链转型，当消费端的偏好变化能够即时转化为生产端的调整决策时，市场资源配置效率获得质的提升。精准营销技术正在改变农产品价值的评估标准，通过量化分析不同消费群体对产品属性的支付意愿形成了差异化的价值定位策略，这不仅优化了生产者剩余与消费者剩余的分配格局，更推动了农产品市场从同质化价格竞争向多元化价值竞争的范式转换。

三、数字化服务与用户体验提升

（一）线上线下融合的消费场景

线上线下融合的消费场景构建代表着农产品零售业态正经历着空间重组与体验升级的深刻变革，这一创新模式通过数字技术与实体空间的有机耦合，消弭了传统零售渠道的物理边界，构建了多维立体的消费场域。这种全渠道融合不仅实现了交易场景的延展与互补，也通过数字化赋能重构了消费者与农产品之间的感知关系，使原本单一的购买行为转变为融合感官体验、文化认知与社交互动的复合型消费实践。

该模式的技术社会特征体现在三个协同作用的维度：在空间维度上，AR 等技术实现了实体店铺的数字叠加，消费者通过智能终端即可获取产品溯源信息与营养建议；在时间维度上，线上预购与线下自提的流程设计打破了消费行为的时序限制，形成“随时随地”的灵活购物节律；在体验维度上，沉浸式展示与互动式品鉴创造了具有仪式感的消费情境。从消费文化理论分析，这种融合场景的成功关键在于对“地方感”的数字化再现——通过虚拟技术将农产品的原产地景观、传统工艺等地域特色融入消费空间，使都市消费者在本地化环境中体验农产品背后的文化内涵，从而建立起超越功能价值的情感认同。

（二）数字化售后服务与客户关系管理

数字化售后服务与客户关系管理的演进标志着农产品营销从离散交易向持续关系转变的范式革新，这一转型通过客户数据平台与人工智能技术的协同应用，构建了全景式的用户价值管理体系，其本质是商业逻辑从短期交易获利向长期关系增值的根本性转变。从服务主导逻辑理论视角来看，数字化客户关系管理不再将售后服务视为成本中心，而是将其重构为价值共创的关键触点，每一次服务交互都成为深化客户洞察、优化产品体验的数据源泉。当智能系统能够动态追踪客户的产品使用轨迹和反馈情绪时，服务供给就从标准化响应升级为情境化适配，这种转变使农产品品牌与消费者的关系突破了单纯的经济交换范畴，逐渐发展为基于共同成长的价值共同体。

该体系的技术架构呈现出鲜明的认知智能化特征：数据层，多源异构的客户数据（包括交易记录、服务工单、社交互动等）通过实体识别技术实现全景融合；分析层，机器学习算法构建了客户生命周期价值的预测模型，并能识别潜在的服务改进机会；执行层，对话式 AI 与自动化工作流确保服务响应的即时性与一致性。这种系统的创新性在于其实现了客户知识的“双循环学习”，既通过历史数据优化现有服务流程，又能识别客户需求的变化模式以推动服务创新。情感计算技术的引入使系统能够解析客户沟通中的情绪信号，这种情感智能大幅提升了数字化服务的温度与同理心。

数字化客户关系管理对农产品价值网络的再造具有深远影响。传统农业产业链中生产端与消费端的关系通常止于交易完成，而数字化服务系统通过建立持续互动机制，将一次性买家转化为长期社群成员。当客户关系管理平台与用户社区、忠诚度计划相互衔接时，就形成了具有自生长特性的价值网络，满意的服务体验催生用户生成内容，这些内容又吸引新用户加入并丰富数据资产，进而优化下一轮服务设计。这种正向循环机制不仅降低了获客成本，也培育了品牌拥趸群体，他们通过社交分享成为农产品品牌的“民间大使”，在数字空间中进行自发性的价值传播。

数字化客户关系正在重塑农产品的市场竞争规则，当服务数据成为核心资产时，农产品企业的竞争优势就从单一的产品质量竞争，转向“产品 + 数据 + 服务”的生态系统竞争。优秀的客户关系管理系统赋予企业三种关键能力：精准识别细分市场需求变化的感知能力，快速调整服务策略的应变能力，通过客户反馈驱动产品迭代的创新能力。

（三）用户反馈与产品迭代优化

数字时代的用户反馈机制正在重塑农产品创新的基本范式，这一变革通过构建实时、多维的数据采集与分析系统，实现了消费者洞察从滞后性抽样向持续性全景观察的方法论跃迁。数字平台不仅加速了用户反馈的传递速度，也建立了需求信号与产品改进之间的直接耦合机制，使传统线性创新流程转变为敏捷迭代的循环体系。当农产品生产者能够即时获取消费者对口感、包装、食用体验等维度的微观评价时，产品优化就具备了全新的精准性和时效性，这种用户深度参与的创新模式正在消解生产者与消费者之间的认知鸿沟。

该系统的技术实现呈现出复杂的知识管理特征：数据获取层，自然语言处理技术对非结构化的评价文本进行情感分析和主题挖掘，转化为可量化的产品改进指标；知识转化层，协同过滤算法识别不同消费群体偏好的潜在关联，发现传统调研难以捕捉的需求模式；创新应用层，数字化设计工具支持产品参数的快速调整与虚拟仿真。这种反馈系统的价值在于构建了“使用中创新”的持续学习机制——消费者在实际使用过程中产生的改进意见，通过数字化渠道直接反馈到研发环节形成封闭式的知识创造循环。特别值得注意的是，区块链技术的应用确保了用户反馈数据的真实性与不可篡改性，为产品迭代提供了可信的决策依据。

用户驱动的迭代机制对农产品产业升级具有深远的制度创新意义。传统农产品创新面临的根本性障碍在于产销信息的不对称和反馈渠道的断裂，而数字化反馈系统通过建立市场信号的高速传导路径，正在改变这一困境。当产品迭代能够实时响应消费需求的变化时，农产品市场就形成了类似生物进化般适应性系统，具有竞争优势的产品特征通过消费者投票被快速筛选和强化，推动产业整体向更符合市场需求的方向演进。这种机制不仅提高了创新效率，也培育了生产者的市场敏感性和快速响应能力，为县域特色产业在激烈市场竞争中建立动态优势提供了制度保障。数字化用户反馈正在推动形成新型的产学研协同创新生态，消费者数据成为连接学术研究、技术开发和市场应用的关键纽带，加速了农业创新成果的转化与应用。

第五章　创新创业生态系统的构建

本章旨在系统阐述县域创新创业生态系统的构成，政府、企业与社会的协同机制，以及创新创业支持政策的优化与创新。通过综合分析国内外相关理论与实践案例揭示县域创新创业生态系统运行的内在规律，提出具有针对性和可操作性的政策建议，为地方政府、企业和社会各界提供决策参考与实践指导。

首先，从创新创业生态系统的基本要素、结构和功能三个方面，全面剖析县域创新创业生态系统的构成。通过明确创新主体、资源要素和环境要素等关键要素以及它们之间的相互作用关系，为构建县域创新创业生态系统提供理论支撑。其次，深入探讨政府、企业与社会的协同机制在县域创新创业中的作用。政府是政策制定者和市场监管者，其角色定位和政策导向对创新创业活动具有重要影响。企业是创新主体，其技术创新和市场拓展能力直接决定了创新创业的成效。而社会力量的参与和支持，则为创新创业提供了更加广泛的资源和环境支持。通过构建政府、企业与社会的协同机制可以有效促进创新创业活动的顺利开展和持续繁荣。最后，重点关注创新创业支持政策的优化与创新，在梳理现有政策的基础上分析政策存在的问题和不足，提出政策优化与创新的方向和措施。通过精准化政策设计与实施、区域差异化政策支持以及政策效果的评估与反馈等机制可以进一步提高政策的有效性和针对性，为县域创新创业提供更加有力的政策保障。

第一节　县域创新创业生态系统的构成

探讨县域经济发展的新动力源泉时，创新创业生态系统的构建无疑占据核心地位，这是驱动县域经济转型升级的关键机制。创新创业生态系统不仅融合了多元的创新主体与丰富的资源要素，还依赖于一个协同有序、充满活力的环境支撑。本节旨在深入剖析县域创新创业生态系统的基本构成，从创新主体、资源要素及环境要素三大基本要素出发，构建其理论框架，为后续章节的详细探讨奠定坚实的基础。明确创新主体是理解县域创新创业生态系统的前提。企业、高校与科研机构是创新活动的主要推动者，它们之间的互动与合作模式直接决定了创新的方向与效率。企业是市场创新的直接实践者，其创新动力与能力非常重要；而高校与科研机构则扮演着知识创新与技术转化的角色，为县域创新创业提供智力支持与技术储备。资源要素的分析揭示了创新创业活动得以持续进行的物质基础。资金、技术与人才是三大核心资源，它们的有效配置与高效利用是创新创业生态系统稳健运行的关键。资金是创新创业的血液，技术是创新创业的推动力，人才是创新创业的灵魂，三者的有机结合构成了县域创新创业的强大动力源泉。环境要素的讨论聚焦于政策、文化与基础设施等软硬条件对创新创业活动的深远影响。一个开放包容的政策环境、积极向上的创新文化以及完善的基础设施网络不仅能够吸引更多的创新资源与人才，还能够激发全社会的创新热情，形成创新创业的良好氛围。

一、创新创业生态系统的基本要素

（一）创新主体：企业、高校、科研机构

企业处于市场的前沿阵地，对市场需求有着敏锐的感知，为了在激烈的市场竞争中抢占先机，企业将创新视为生存与发展的生命线。大型企业凭借雄厚的资金实力和丰富的资源储备，构建起专业的研发团队，开展前沿技术的探索。有的大企业在5G通信技术领域投入巨额资金研发出一系列具有国际领先水平的技术与产品，不仅提升了自身在全球通信市场的竞争力，还带动了整个产业链的升级。而中小企业则凭借灵活的运营机制和创新活力，专注细分市场，成为技术创新和商业模式创新的重要力量，它们能够快速响应市场变化，推出创新性的产品或服务，为市场注入新的活力。

高校是知识创新的重要源头，拥有丰富的人才资源和浓厚的学术氛围。高校的科研人员致力于基础研究，在理论层面取得突破，为应用技术的研发奠定基础。高校通过系统的教育体系，源源不断地为社会输送高素质创新人才。以斯坦福大学为例，其在计算机科学、工程学等领域的前沿研究，不仅孵化出众多改变世界的科技成果，还培养了大量顶尖的科技人才，为硅谷的崛起提供了强大的人才支撑与智力保障。许多高校还积极推动产学研合作，将科研成果转化为实际生产力，带动了区域经济的发展。

科研机构在创新创业生态系统中专注于特定领域的研究，为解决复杂的技术难题提供专业支持。国家级科研机构凭借先进的实验设备和优秀的科研团队，承担国家重大科研项目，攻克关键核心技术。一些专业的科研机构则聚焦于特定行业的技术研发，推动行业技术进步，如中国科学院在人工智能、量子通信等前沿领域的研究成果不仅提升了我国在相关领域的国际地位，还为产业发展提供了强大的技术驱动力。

企业、高校和科研机构在创新创业生态系统中并非孤立存在，而是通过多种合作模式

实现资源共享、优势互补。产学研合作模式促进了知识从高校和科研机构向企业的流动，加速科技成果转化，企业为高校和科研机构提供研究课题和资金支持，引导科研方向与市场需求紧密结合。这三类创新主体相互协作共同推动创新创业生态系统的持续发展，为经济社会的进步提供源源不断的动力 。

（二）资源要素：资金、技术、人才

资金是创新创业活动启动和持续推进的“血液”。创业初期启动资金非常重要，它为创业者提供了场地租赁、设备购置、人员招聘等方面的必要支持。企业的发展使研发投入、市场拓展等活动也需要大量资金注入。风险投资是推动创新创业的重要资金力量，偏好具有高成长潜力的创业项目，为创业者带来的不仅是资金，还有丰富的行业经验与战略指导。政府设立的创新创业引导基金，旨在引导社会资本投向创新创业领域，发挥财政资金的杠杆作用，优化创新创业的资金环境。银行贷款、资本市场融资等多元化的融资渠道为创新创业企业提供了不同阶段的资金支持，助力企业在成长道路上稳健前行。

技术是创新创业的核心驱动力，是企业在市场竞争中脱颖而出的关键，先进的技术能够为企业创造差异化的竞争优势，开辟新的市场空间。对于初创企业而言，掌握具有自主知识产权的核心技术，是立足市场的根本。技术获取途径上企业可以通过自主研发，投入大量资源建立研发团队，深入开展技术研究与创新，形成具有自主特色的技术体系；通过技术转让、产学研合作等方式从高校、科研机构引入成熟技术，加速技术商业化进程，一些企业借助与高校的合作，将高校实验室的前沿研究成果快速转化为市场所需的产品，实现技术的价值创造。

人才是创新创业活动的主体，是一切创新活动的执行者和推动者。创新创业需要多领域、多层次的人才参与，既需要具备专业技术知识的研发人才，也需要拥有敏锐市场洞察力的营销人才，以及擅长组织协调的管理人才。高素质的人才团队能够准确把握市场趋势，高效整合资源，推动创新创业项目从构思走向实践。高校和科研机构是人才培养的重要基地，源源不断地为创新创业生态系统输送新鲜血液。完善的人才激励机制、良好的创新创业环境，能够吸引各类人才会聚，形成人才的集聚效应，为创新创业活动注入源源不断的智慧与活力。

资金、技术和人才三大资源要素在创新创业生态系统中相互依存、协同作用，资金为技术研发和人才培养提供保障，技术成果的转化为企业创造价值，吸引更多资金和人才的会聚，而人才则是推动资金高效利用和技术创新的关键因素。这三大资源要素的有效配置与协同运作，为创新创业生态系统的繁荣发展提供了强劲的动力。

（三）环境要素：政策、文化、基础设施

政策是创新创业生态系统的重要保障，通过制定一系列法规和措施为创新创业活动提

供制度性框架。政府出台的税收优惠政策，如研发费用加计扣除、高新技术企业税收减免等，直接降低了企业的创新成本，提高了企业开展创新活动的积极性。资金支持方面设立创新创业专项基金，为有潜力的初创企业和创新项目提供直接资助，有效缓解了企业在创业初期面临的资金短缺问题。创业扶持政策简化行政审批流程，降低市场准入门槛，为创业者提供了更为便捷的创业环境，激发了社会的创新创业活力。

文化是创新创业生态系统的内在灵魂，塑造着社会对创新创业的认知和态度，鼓励冒险、宽容失败的文化氛围，能够激发人们的创新热情，使创业者勇于尝试新的商业模式和技术路径。全球创新创业的高地，在很大程度上都得益于其独特的创新文化。在这里，失败被视为宝贵的经验，而非耻辱，创业者能够在宽松的文化环境中大胆探索，不断挑战传统。开放包容的文化特性促进了不同思想、技术和人才的交流融合，催生了更多的创新灵感，为创新创业提供了源源不断的精神动力。

基础设施是创新创业生态系统的物质基础，为创新创业活动的开展提供必要的硬件条件。便捷的交通网络，不仅降低了企业的物流成本，还促进了区域间的人才流动和资源共享。完善的通信设施，保障了信息的快速传递和高效沟通，使企业能够及时掌握市场动态和技术前沿信息。科技园区、孵化器等创新创业载体为初创企业提供了共享办公空间、实验室设备等基础设施，降低了创业门槛，加速了创业项目的孵化进程。

政策、文化和基础设施三大环境要素相互作用，共同推动创新创业生态系统的繁荣发展。政策的引导和支持为创新创业提供了制度保障，营造了良好的外部环境；文化的熏陶激发了创新创业的内在动力，塑造了积极的社会氛围；基础设施的完善则为创新创业提供了坚实的物质支撑，促进了资源的优化配置。只有当这三大要素形成协同效应时，才能构建起一个充满活力、可持续发展的创新创业生态系统，为经济的转型升级和社会的创新发展注入强大动力。①

二、创新创业生态系统的结构

（一）核心层：创新企业与创业者

创新企业通过持续的技术研发和产品迭代，不断推动产业升级和经济发展。这些企业通常具备敏锐的市场洞察力和强大的创新能力，能够准确捕捉市场需求的变化，开发出具有竞争力的新产品和服务。通过技术创新，它们不仅提升了自身的市场竞争力，还为整个县域经济带来了新的增长点。创新企业还通过产业链的延伸和拓展，带动了上下游企业的协同发展，形成了良好的产业生态。

创业者是创新企业的创始人和核心团队，他们的创新思维和冒险精神是推动县域创新

① 于泳波，贾佳慧，吕馨雪．双创生态系统驱动县域经济发展的组态路径分析[J]．科技进步与对策，2024，41（13）：57-66.

创业生态系统不断向前发展的重要力量。创业者通常具备敏锐的市场洞察力和强烈的创业意愿，他们敢于挑战传统，勇于尝试新的商业模式和技术路径。在创业过程中，他们不仅面临着资金、技术、市场等多方面的挑战，还需要不断学习和适应市场的变化。正是这些挑战和困难，激发了创业者的创新精神和创造力，推动了县域经济的持续发展和转型升级。

（二）支撑层：服务机构与平台

孵化器是县域创新创业的起点，为初创企业提供了一站式的孵化服务。它们不仅提供物理空间的租赁，还通过资源整合，为初创企业提供融资、法律咨询、市场对接等全方位的支持。孵化器通过专业化的管理和服务，帮助初创企业降低创业风险，提高成活率，为县域经济的创新发展注入了新的活力。

加速器针对已经具有一定规模和实力的创新企业进行进一步的加速与扶持，它们通过提供更高层次的资源对接、市场拓展、品牌建设等服务，帮助企业实现快速成长。加速器还通过搭建合作平台促进企业与高校、科研机构等创新主体的深度合作，推动技术创新和产业升级。

技术转移机构在县域创新创业生态系统中同样发挥着重要作用，它们通过技术评估、成果转化、技术咨询等服务，推动高校和科研机构的科研成果向企业转移，实现科技成果的产业化。技术转移机构还通过搭建产学研合作平台，促进创新资源的优化配置和高效利用，为县域经济的创新发展提供有力的支撑。

金融机构是县域创新创业生态系统中资金流动的关键环节，它们通过提供多样化的金融产品和服务，如风险投资、贷款担保、融资租赁等，为创新企业和创业者提供充足的资金支持。金融机构通过风险评估、信用担保等方式，降低企业和创业者的融资成本，提高资金利用效率。金融机构通过参与创新项目的评估和筛选，为县域经济的创新发展提供了更加精准的资金支持。

（三）外部层：政策环境与市场环境

政策环境是县域创新创业生态系统的重要支撑。政府的政策法规、税收优惠、资金扶持等政策措施，为创新创业活动提供了坚实的制度保障。政策法规的完善和执行，不仅规范了市场秩序，降低了创业风险，还为创新企业和创业者提供了公平、公正的竞争环境。税收优惠和资金扶持直接减轻了企业的财务负担，提高了其创新能力和市场竞争力。政府通过设立创业基金、创新基金等方式，为创新企业和创业者提供资金支持，促进了创新项目的孵化和产业化。

市场环境是县域创新创业生态系统的另一个重要组成部分，对创新创业活动产生着直接的影响。市场需求的变化、竞争态势的演变以及消费者偏好的转移，都是创新创业活动必须面对的现实挑战。创新企业和创业者需要密切关注市场动态，及时调整创新策略，以满足市场需求，提高市场竞争力。市场环境的变化也为创新企业和创业者提供了新的机遇，新兴市场的崛起、消费者需求的升级等，都为创新企业和创业者提供了广阔的发展空间。

在政策环境和市场环境的共同作用下，县域创新创业生态系统呈现出复杂多变的特征：政策环境的支持和引导为创新创业活动提供了有利的外部条件；市场环境的竞争和挑战则对创新创业活动构成了外部约束。创新企业和创业者需要在政策环境和市场环境之间寻求平衡，充分利用政策优势，积极应对市场挑战，实现创新创业活动的可持续发展。

政策环境和市场环境之间的相互作用也对县域创新创业生态系统产生着重要影响，政府政策的调整和完善，不仅可以直接影响市场环境的变化，还可以通过引导创新资源和创新主体的流动，优化县域创新创业生态系统的结构和功能。市场环境的变化则可以通过反馈机制，影响政府政策的制定和调整，推动县域创新创业生态系统的不断升级和完善。

三、创新创业生态系统的功能

（一）资源整合与配置功能

县域创新创业生态系统涵盖多种资源，包括资金、技术、人才、信息等，这些资源分布在不同主体手中，如政府、企业、高校及科研机构等。资源整合与配置功能的首要任务，是打破资源主体间的壁垒，让各类资源在系统内自由流动。以资金为例，政府的财政补贴、银行信贷以及社会资本，原本处于分散状态，通过系统的资源整合机制，这些资金能够精准对接有需求的创新创业项目，解决初创企业资金短缺的问题。该功能可基于创新创业项目的特点与需求，对各类资源进行优化配置，实现效益最大化。技术与产业的对接过程中，县域生态系统借助产学研合作平台，引导高校、科研机构的前沿技术向本地特色产业转移，推动产业技术升级。比如，某县以特色农产品种植加工为支柱产业，通过整合农业科研机构的技术资源研发出农产品保鲜、深加工新技术，延伸了产业链，提升了产品附加值，有效带动了当地经济发展。

在人才资源配置方面，系统通过完善的人才服务体系，依据不同创新创业主体的需求，合理调配人才。对于新兴产业项目吸引具有专业知识和创新能力的高端人才；对于传统产业升级项目，组织开展有针对性的技能培训，提升本地劳动力素质。这种精准的人才配置既满足了项目对人才的需求，又避免了人才资源的浪费。

资源整合与配置功能还具备动态调整的能力，县域创新创业环境的变化和市场需求的波动使系统能够及时对资源配置进行优化。当某一领域的创新项目展现出良好的发展前景时，系统会引导更多资源向该领域倾斜；反之，当某些项目发展受阻时，资源会被及时调整到更有潜力的方向。

资源整合与配置功能的有效发挥离不开系统内各主体的协同合作。政府通过制定政策，引导资源流向重点领域和关键项目；企业是创新创业的主体，根据市场需求合理利用资源；

高校和科研机构提供技术与人才支持，促进资源的高效转化。各方在资源整合与配置过程中相互配合，形成合力，推动县域创新创业生态系统不断发展壮大，为县域经济的可持续发展注入源源不断的动力。

(二)创新激励与风险分担功能

政府通过制定一系列优惠政策为县域创新创业营造了良好的政策环境。税收优惠是常见的激励手段，对新创办的科技型企业给予一定期限的税收减免，降低企业的运营成本，增加其利润空间，使其有更多资源投入创新活动；设立创新创业专项奖励资金，对在技术创新、商业模式创新等方面表现突出的企业和个人进行表彰和奖励，激发创新主体的积极性。例如，某县对成功研发出具有自主知识产权产品的企业给予高额奖金，这不仅提升了企业的创新收益预期，还在县域内形成了良好的示范效应，带动更多企业投身创新。

县域创新创业生态系统通过构建完善的市场机制，让创新者能够获得与其创新成果相匹配的经济回报。消费者对产品和服务品质的要求不断提高，使创新型产品和服务通常能在市场竞争中脱颖而出，获得更高的市场份额和利润。这种市场激励促使企业不断加大创新投入，开发出更具竞争力的产品，满足消费者日益多样化的需求，形成创新与市场相互促进的良性循环。

县域创新创业生态系统内丰富的资金渠道为创新主体分担了财务风险，除了政府的创业引导基金、银行贷款外，风险投资、天使投资等社会资本也逐渐参与到县域创新创业中来。这些多元化的资金来源，为创新项目提供了持续的资金支持，降低了单一融资渠道带来的风险，一些初创科技企业在发展初期获得了政府的创业补贴和天使投资的注资，成功度过了研发投入大、资金回笼慢的艰难阶段，降低了因资金短缺导致项目失败的风险。

县域创新创业生态系统中企业通过与高校、科研机构开展产学研合作，有效分担了技术创新过程中的风险。高校和科研机构拥有丰富的科研资源与专业人才，能够为企业提供技术支持和研发指导。企业借助这一优势解决了自身研发能力不足的问题，降低了技术研发的不确定性。产业集群内企业之间的技术交流与合作，也有助于共享技术资源，共同应对技术风险。

完善的社会化服务体系是县域创新创业生态系统风险分担的重要组成部分。各类科技中介机构为企业提供技术评估、法律咨询、市场调研等专业服务，帮助企业更好地了解市场动态，规避运营过程中的潜在风险；创业孵化器为初创企业提供场地、设备等共享资源，降低了企业的运营成本，减少了因运营成本过高导致的创业失败风险。

创新激励与风险分担功能在县域创新创业生态系统中相互关联、协同作用，前者激发创新主体的积极性，后者为创新活动提供保障，两者共同推动县域创新创业生态系统的繁荣发展，为县域经济的高质量发展注入强劲动力。

（三）协同合作与价值创造功能

县域创新创业生态系统涵盖政府、企业、高校、科研机构、金融机构和中介组织等多元主体。政府凭借政策引导与资源调配，为协同合作创造有利环境，出台产学研合作促进政策，设立专项扶持资金，激励各方参与协同创新。企业是创新与价值创造的主体，依据市场需求整合各类资源。以某县域特色农产品加工企业为例，其联合高校科研团队研发新产品，借助金融机构的资金支持扩大生产规模，并通过中介组织拓宽销售渠道，实现了多方共赢。高校和科研机构为企业提供技术与人才支撑，推动科研成果转化。

产业集群在县域经济发展中发挥着重要作用。产业集群内上下游企业通过分工协作，形成紧密的产业链条，既降低了企业的采购、运输和交易成本，提高了生产效率，也促进了知识和技术在集群内的传播与共享，激发新的创新需求。

协同合作直接推动了县域经济的增长，通过整合资源和优化生产流程企业能够提高生产效率，降低成本，生产出更具市场竞争力的产品和服务，从而扩大市场份额，增加企业利润。创新创业活动催生了新的产业形态和商业模式，创造了更多的就业机会和税收收入。例如，某县引入电商企业，与本地农产品生产企业合作，开展农产品电商销售，不仅帮助农民增收，还带动了物流、包装等相关产业的发展，为县域经济注入新活力。

县域创新创业生态系统的协同合作还创造了显著的社会价值。新技术、新商业模式的应用，改善了居民的生活质量，提升了公共服务水平，在一些县域通过开展“互联网＋医疗”“互联网＋教育”等项目，居民能够享受到优质的医疗和教育资源，缩小了城乡差距。此外，创新创业活动培养了居民的创新意识和创业精神，营造了积极向上的社会氛围。

为进一步发挥协同合作与价值创造功能，县域需要持续优化创新创业生态系统，加强基础设施建设，改善交通、通信等条件，降低协同合作的成本。培育和完善市场机制，营造公平竞争的市场环境，注重人才培养和引进，为协同合作与价值创造提供智力支持。协同合作与价值创造功能在县域创新创业生态系统中相互促进、相辅相成。通过深化协同合作县域能够持续创造经济和社会价值，实现创新创业生态系统的良性循环与可持续发展。①

第二节 政府、企业与社会的协同机制

县域创新创业生态系统是区域经济发展的新引擎，其健康与活力直接关系到地方经济

① 于泳波，贾佳慧，吕馨雪．双创生态系统驱动县域经济发展的组态路径分析 [J]. 科技进步与对策，2024，41（13）：57-66.

的转型升级与可持续发展。这一系统不仅蕴含着丰富的创新资源与潜力，更是一个涉及政府、企业、社会多元主体复杂互动的网络。政府是政策制定者与公共服务提供者，企业是创新主体与市场参与者，与包括高校、科研机构、金融机构和社会组织在内的广泛社会力量，共同构成了这一生态系统的核心框架。本节旨在深入探讨县域创新创业生态系统中政府、企业与社会三者之间的协同机制，揭示它们如何通过相互作用、优势互补，共同推动创新创业活动的蓬勃开展。从政府的角度出发，分析其在政策制定与制度保障、基础设施建设与公共服务、创新环境营造与市场监管等方面的角色和功能；聚焦企业在技术研发、产业链协同与生态共建、社会责任与可持续发展等方面的核心作用；探讨社会力量，特别是高校与科研机构、金融机构以及社会组织与公众，如何为创新创业活动提供技术支持、融资服务及参与支持，形成多方共赢的协同生态。

一、政府在创新创业中的角色

（一）政策制定与制度保障

税收优惠是政府支持创新创业活动的重要手段之一，政府通过减免税费、提供税收返还等优惠政策，有效减轻了创业企业的财务负担，使其能够将更多资源投入技术研发和市场拓展。这些税收优惠政策不仅有助于初创企业的快速成长，还为整个县域创新创业生态系统注入了源源不断的活力。

资金扶持是政府推动创新创业活动的另一大支柱，政府通过设立创业基金、创新基金等专项扶持资金，为创新创业者提供了必要的资金支持。这些资金不仅用于支持创新项目的研发和市场推广，还用于帮助创业者解决融资难题，降低创业风险。政府还通过引导社会资本投入，形成了多元化的投融资体系，为创新创业活动提供了更加充足的资金支持。

在提供法律保障和制度支持的同时，政府还致力于完善法律法规体系，保障创新创业活动的合法性和规范性。政府通过加强市场监管，打击不正当竞争和违法行为，维护了市场秩序和消费者权益，政府还积极推动知识产权保护工作，为创新创业者提供了有力的法律武器，保障了他们的创新成果不受侵犯。这些努力共同为创新创业者营造了一个公平、公正、透明的市场环境，为县域创新创业生态系统的健康发展提供了有力保障。

（二）基础设施建设与公共服务

交通和通信基础设施的建设对于县域创新创业活动的发展非常重要。政府通过优化交通网络布局，提升交通便捷性，降低了创新创业者的出行成本和时间成本，促进了人才、资金、信息等要素的流动和集聚。先进的通信基础设施为创新创业者提供了高效、便捷的通信服务，加速了信息的传递和共享，为创新创业活动的远程协作和全球化发展提供了有力支持。

教育和医疗公共服务的提供也是政府支持县域创新创业活动的重要举措。政府通过加大对教育和医疗资源的投入，提升了县域内的教育水平和医疗服务质量，为创新创业者提供了良好的生活环境和人才保障。优质的教育资源有助于培养创新创业人才，提高人才素质和创新能力；而完善的医疗服务则能够保障创新创业者的身体健康，减轻其后顾之忧，使其能够更加专注于创新创业活动。

政府通过建设创新创业园区、孵化器、加速器等平台，为创新创业者提供了物理空间和创业服务。这些平台不仅为创新创业者提供了低成本的办公场所和研发设施，还通过提供法律咨询、融资支持、市场推广等一站式服务，帮助创新创业者解决创业过程中的各种难题。这些平台的建设和运营有助于促进创新创业活动的集聚和发展，形成创新创业的规模效应和协同效应。

（三）创新环境营造与市场监管

政府致力于营造开放包容的创新环境，这是激发创新创业活力的重要前提。政府通过出台一系列鼓励创新的政策措施，如设立创新奖励基金、提供创新项目资助等，激励创新创业者勇于尝试、敢于创新，政府还积极推动创新文化的普及和传播，营造尊重创新、鼓励创新的社会氛围。这种开放包容的创新环境有助于激发创新创业者的创造力和创新精神，推动创新成果的不断涌现。

政府在营造创新环境的同时，也加强了市场监管力度，以维护市场秩序和消费者权益。政府通过建立健全市场监管体系，加强对市场主体的监管和执法力度，打击不正当竞争和违法行为。这些措施有助于维护市场的公平竞争环境，保障创新创业者的合法权益，促进创新创业活动的健康发展。

创新环境营造与市场监管的过程中政府还注重发挥两者的协同效应：通过营造开放包容的创新环境，政府为创新创业者提供了更加宽松和自由的创业空间，降低了创业门槛和创业风险；通过加强市场监管，政府为创新创业者提供了更加公平和透明的市场环境，保障了创新创业活动的合法性和规范性。这种协同效应有助于形成创新创业活动的良性循环，推动县域创新创业生态系统的持续健康发展。政府通过创新环境营造与市场监管的双重作用，为创新创业活动提供了更加全面和系统的制度保障。

二、企业在创新创业中的作用

（一）创新主体与技术研发

企业的市场敏感性和逐利性，使其成为乡村振兴创新创业浪潮中的“弄潮儿”。面对乡村丰富的自然资源和独特的文化资源，企业敏锐捕捉商机，将其转化为商业价值。以乡村旅游产业为例，旅游企业挖掘乡村的自然风光、民俗文化等特色元素，通过创新性的旅游规划和运营模式，开发出具有吸引力的乡村旅游产品。这些产品打破了传统乡村旅游单一的观光模式，融入休闲度假、文化体验、亲子研学等多种业态，满足了游客多样化的需求，推动乡村旅游从“门票经济”向“产业经济”转变。企业凭借创新思维和高效的组织管理模式，打破产业发展的边界，促进产业融合。农产品加工企业联合电商平台，将农产品的生产、加工、销售与互联网技术深度融合，形成“农产品 + 互联网”的新型商业模式。这一模式不仅拓宽了农产品的销售渠道，提升了农产品的附加值，还带动了物流、包装等相关产业的发展，构建起完整的乡村产业生态链。

技术研发是企业推动乡村产业升级的重要手段。在农业生产领域，农业科技企业加大对农业生物技术、农业机械化技术的研发投入，提高农业生产的效率和质量，利用基因编辑技术培育优良的农作物品种增强农作物的抗病性和适应性；研发智能化农业机械设备，实现精准施肥、灌溉和病虫害防治，降低农业生产成本，减少对环境的污染。在农产品加工领域，企业通过技术创新，开发新的加工工艺和产品，一些企业利用先进的保鲜技术，延长农产品的保质期，减少农产品在流通过程中的损耗，通过研发农产品深加工技术将农产品转化为高附加值的产品，如水果制成的果脯、果汁，粮食制成的各类休闲食品等，提升农产品的市场竞争力。在数字化转型方面，企业积极引入大数据、人工智能、物联网等技术，推动乡村产业的数字化升级。电商企业搭建农产品电商平台，利用大数据分析消费者的需求，为农产品生产和销售提供精准指导；农业企业通过物联网技术实现对农业生产过程的实时监控和智能化管理，提高农业生产的精细化水平。

企业是创新主体和技术研发的主力军，在乡村振兴创新创业中发挥着核心作用。通过不断创新和技术研发，企业推动乡村特色产业的发展，为乡村振兴注入新的活力，助力实现乡村经济的高质量发展和可持续繁荣。

（二）产业链协同与生态共建

企业通过对各类资源的整合打通产业链的各个环节，促进生产要素在产业链内的高效流动。在农业领域，上游农资企业为种植户提供种子、化肥、农药等生产资料；中游农产品加工企业对农产品进行收购和深加工，提升产品附加值；下游销售企业借助电商平台、连锁超市等渠道，将农产品推向市场。以某大型农业企业为例，其通过与当地农户签订订单，保障农产品的稳定供应，建设现代化加工厂，将农产品加工成各类成品，与电商巨头合作，搭建线上销售平台，实现从田间到餐桌的全产业链贯通，降低了交易成本，提高了产业整体效益。

企业凭借创新能力，推动乡村特色产业的多元化发展，打造富有活力的产业生态集群。一些企业深挖乡村的文化、旅游资源，将农业与文化、旅游产业有机结合，形成休闲农业与乡村旅游产业集群。例如，某企业依托当地的古村落和田园风光，开发集农事体验、民俗文化展示、休闲度假于一体的乡村旅游项目，带动周边农户开办农家乐、民宿，销售特色农产品，不仅丰富了乡村产业业态，还吸引了大量游客，带动了就业和经济增长。企业通过技术创新为产业生态集群注入新的活力，引入物联网、大数据、人工智能等技术，实现农业生产的智能化管理、旅游服务的个性化定制，提升产业的竞争力。

产业链协同与生态共建过程中企业积极履行社会责任，与政府、农户、科研机构等主体建立紧密的合作关系，实现多方共赢。企业与政府合作，参与乡村基础设施建设和公共服务提供，改善乡村的发展环境；与农户合作，通过土地流转、入股分红、就业带动等方式增加农民收入，助力脱贫攻坚与乡村振兴的有效衔接；与科研机构合作，开展技术研发和人才培养，提升产业的科技含量和创新能力。

面对市场的变化和消费者需求的升级，企业不断调整战略，适应新的发展要求，推动乡村产业的可持续发展。绿色发展理念的引领下，企业推广绿色生产技术，减少农业面源污染，保护乡村生态环境，注重品牌建设，提升农产品和乡村旅游产品的品质和知名度，增强市场竞争力。

企业在乡村振兴中的产业链协同与生态共建方面发挥着核心作用，通过整合资源、创新引领、履行责任和适应变革，企业为乡村经济的发展注入了强大的动力，推动乡村特色产业的繁荣，助力乡村振兴目标的实现。

（三）社会责任与可持续发展

企业通过投资建设特色产业项目，为乡村经济注入活力，成为经济可持续增长的引擎。以农业产业为例，农产品加工企业凭借先进的生产技术和成熟的市场渠道，对农产品进行深加工，提高产品附加值，改变农产品初级售卖的低收益现状。例如，一些水果加工企业将当地盛产的水果制作成果汁、果脯等产品，不仅延长了农产品的保存期限，还打开了更广阔的市场，带动了果农增收。企业通过发展产业集群，吸引上下游企业集聚，形成完整的产业链条，创造更多的就业机会和经济效益，推动乡村经济从单一产业向多元产业转型，实现可持续发展。

环保意识的增强令企业在乡村发展中积极践行绿色发展理念，守护乡村的绿水青山。农业企业大力推广绿色种植和养殖技术，减少化肥、农药的使用，降低农业面源污染，保护土壤和水资源。部分企业采用生态循环农业模式，将畜禽养殖产生的粪便转化为有机肥料，用于农作物种植，既减少了污染，又降低了生产成本。在乡村旅游开发中，企业注重生态环境保护，合理规划旅游项目，避免过度开发对自然环境的破坏，实现经济效益与生态效益的双赢，为乡村生态可持续发展奠定基础。

企业积极参与乡村的教育、医疗、文化等公益事业，提升乡村居民的生活质量，促进社会可持续发展。许多企业通过捐赠资金和物资，改善乡村学校的教学条件，资助贫困学生完成学业，为乡村培养未来的建设者。在医疗方面，企业协助建设乡村医疗卫生设施，组织医疗团队开展义诊和健康讲座，提高乡村居民的健康意识和医疗水平。企业挖掘和保护乡村传统文化，通过举办民俗文化活动、开发文化旅游产品等方式传承和弘扬乡村优秀文化，丰富乡村居民的精神文化生活。

企业是乡村振兴的重要参与者，与政府、社会组织、农户等建立紧密的合作关系，凝聚可持续发展的强大合力。企业与政府合作，争取政策支持，参与乡村基础设施建设和公共服务供给；与社会组织合作整合各方资源，共同开展乡村扶贫、环保等项目；与农户合作通过订单农业、土地入股等方式，建立利益共享机制，激发农户参与乡村振兴的积极性和主动性。

乡村振兴的创新创业征程中，企业通过履行社会责任，在经济、生态、社会等多个维度推动可持续发展，成为乡村实现产业兴旺、生态宜居、乡风文明、治理有效、生活富裕目标的重要力量。①

三、社会力量的参与与支持

（一）高校与科研机构的技术支持

高校与科研机构通过持续的研究及开发，为创新创业者提供了丰富的科研成果和技术资源。这些科研成果通常代表着行业的前沿技术和创新方向，为创新创业者提供了宝贵的灵感来源和技术基础。创新创业者可以依托这些科研成果，开发出具有市场竞争力的新产品或服务，从而在激烈的市场竞争中脱颖而出。

高校与科研机构在技术支持方面发挥着重要作用，它们不仅为创新创业者提供技术咨询和解决方案，还通过实验室共享、设备租赁等方式，降低了创新创业者的技术门槛和研发成本。这种技术支持不仅有助于创新创业者快速突破技术瓶颈，还能加速科技成果的转化和应用，推动创新创业活动的快速发展。

高校与科研机构还承担着人才培养的重任，它们通过开设创新创业课程、举办创新创业竞赛和实践活动等方式，培养了一大批具有创新思维和实践能力的创新创业人才。这些人才不仅为县域创新创业生态系统注入了新的活力，还通过自身的创新创业实践，推动了产学研深度融合和科技成果转化。

高校与科研机构与企业之间的合作，是推动县域创新创业活动持续发展的重要途径。通过产学研合作，高校与科研机构可以更加精准地了解市场需求和行业动态，为创新创业者提供更加有针对性的技术支持和创新资源，企业也可以借助高校与科研机构的科研实力和人才优势，提升自身的创新能力和市场竞争力。这种合作不仅有助于实现资源的优化配置和共享，还能推动县域创新创业生态系统的协同发展。

（二）金融机构的融资服务

金融机构通过提供贷款服务为初创企业提供了必要的资金支持，对于许多初创企业而言，资金短缺是制约其发展的关键因素。金融机构通过评估企业的信用状况、经营计划和市场前景，为其提供适当的贷款额度，帮助企业渡过初创期的资金难关。这种贷款服务不

① 江丽鑫 . 新经济形势下乡村振兴推动县域发展的路径研究 [J]. 科技经济市场，2023（11）：80–82.

仅缓解了创新创业者的资金压力，还为其提供了稳定的现金流，保障了企业的正常运转和持续发展。

金融机构在风险投资领域发挥着重要作用，风险投资是一种高风险、高回报的投资方式，对于初创企业而言具有极大的吸引力。金融机构通过设立风险投资基金、参与风险投资项目等方式，为创新创业者提供了更为灵活和高效的融资渠道。这种融资方式不仅有助于初创企业快速获得大量资金支持，还能通过风险投资机构的经验和资源，提升企业的创新能力和市场竞争力。

金融机构还提供股权融资服务为创新创业者提供了更为多元化的融资选择，股权融资通过引入战略投资者或上市融资等方式，为初创企业提供了更为稳定和长期的资金支持。这种融资方式不仅有助于企业扩大规模、提升品牌影响力，还能通过资本市场的运作，实现企业的价值最大化和股东利益最大化。

金融机构的融资服务不仅解决了创新创业者的资金问题，还促进了创新创业活动的快速发展和产业升级。通过提供多样化的金融产品和服务，金融机构激发了创新创业者的创新热情，推动了新技术、新产业和新业态的涌现。金融机构还通过资金引导和资源配置，促进了县域产业结构的优化升级，为县域经济的持续发展注入了新的动力。

（三）社会组织与公众的参与

社会组织在创新创业服务中发挥着不可替代的作用，它们通常具有专业性强、资源丰富、贴近创业者需求等特点，能够为创新创业者提供包括创业培训、创业指导、创业咨询等在内的全方位服务。这些服务不仅帮助创业者掌握必要的创业知识和技能，提高创业成功率，还通过搭建交流平台，促进创业者之间的经验分享和合作，形成创新创业的集群效应。社会组织通过其专业性和灵活性有效填补了政府和市场在创新创业服务领域的空白，成为连接创业者与资源的重要桥梁。

公众的广泛参与是县域创新创业生态系统持续繁荣的关键。公众不仅是创新创业活动的潜在消费者和市场反馈者，更是创新创业文化的传播者和推动者。通过参与创新创业相关的活动、讨论和宣传，公众能够深入了解创新创业的价值和意义，形成对创新创业活动的正面认知和积极态度。这种积极的公众氛围不仅能够激发更多人的创新创业热情，还能为创新创业者提供更广阔的市场空间和更丰富的社会资源。公众的参与和支持使县域创新创业生态系统更加生机勃勃，充满活力和创造力。

创新创业文化是一种鼓励创新、宽容失败、追求卓越的价值观和行为方式，是县域创新创业生态系统健康发展的精神支柱。社会组织通过举办创新创业大赛、创业沙龙等活动，以及利用社交媒体等新媒体平台进行宣传，有效传播了创新创业的理念和实践经验。公众的积极参与和互动则进一步扩大了创新创业文化的影响力，使其深入人心，成为推动县域经济社会发展的重要力量。

第三节　创新创业支持政策的优化与创新

近年来，我国在创新创业领域取得了显著成就，一系列支持政策的出台为创新创业者提供了有力的保障。创新创业活动的不断深入令现有政策也面临着一些挑战和不足。如何进一步精准定位政策目标，提高政策实施的针对性和有效性；如何根据不同地区的经济社会发展水平和创新创业资源禀赋，制定差异化的区域支持政策；如何加强政策的协同与整合，形成更加完善、更加有效的政策体系，成为当前亟待解决的问题。本节将围绕创新创业支持政策的优化与创新展开探讨：梳理现有政策的主要内容及其实施效果；分析政策优化与创新的方向和路径；探讨如何加强政策的协同与整合，形成更加有利于创新创业发展的政策环境。通过本节的研究，期望能够为政府制定更加科学、合理的创新创业支持政策提供参考，进一步激发全社会的创新创业热情，推动我国经济社会的持续健康发展。

一、现有创新创业政策的梳理

（一）财政支持与税收优惠

政府对符合条件的创新型企业提供财政补贴和奖励是其支持创新创业的重要手段之一。这些补贴和奖励通常针对企业的研发活动、市场开拓、人才引进等多个方面，旨在直接降低企业的运营成本，缓解其在创新过程中的资金压力。财政支持包括研发经费补贴、创新项目资助、市场开拓奖励等多种形式，这些资金不仅有助于企业加大研发投入，提升技术创新能力，还能为企业拓展市场、提升品牌影响力提供有力支持。

除了直接的财政支持外，政府还通过实施税收优惠来鼓励企业加大研发投入和进行技术创新，税收优惠政策的种类多样，包括降低企业所得税税率、增值税减免、研发费用加计扣除等。这些政策旨在通过减轻企业的税负，增加其可用于研发的资金，从而激发企业的创新动力。降低企业所得税税率可以使企业保留更多的利润，用于再投资和创新活动；增值税减免则可以降低企业的销售成本，提高其市场竞争力。

财政支持与税收优惠的双重助力为创新型企业的发展提供了有力的政策保障，这些政策措施不仅有助于降低企业的运营成本和税负，还能激发企业的创新活力，提升其市场竞争力。所以未来的政策制定和实施过程中，政府应继续加大对创新型企业的财政支持和税收优惠力度，不断完善政策体系，以更好地服务于创新创业的发展。

（二）人才引进与培养政策

为了吸引国外优秀人才来华创新创业，政府实施了一系列高层次人才引进计划。这些计划不仅提供优厚的待遇，如高薪、住房补贴、子女教育保障等，还致力于营造一流的工作环境，包括先进的研发设施、开放的创新氛围以及便捷的政务服务。通过这些措施政府旨在吸引具有国际视野、创新思维和卓越能力的顶尖人才，为创新创业领域注入新鲜“血液”，推动科技创新和产业升级。

除了引进优秀人才外，政府还高度重视本土创新创业人才的培养，积极推动高校、科研机构和企业之间的深度合作，构建产学研一体化的创新人才培养体系，通过设立创新创业课程、开展实践项目、举办创新创业大赛等形式培养学生的创新精神和实践能力。政府鼓励企业设立内部培训机构或研发中心，为员工提供持续的职业发展和技能培训机会。这些措施旨在培养一批既具备扎实专业知识，又具备创新精神和实践能力的复合型人才，为创新创业提供源源不断的智力支持。

人才引进与培养政策的实施为创新创业领域提供了丰富的人才资源。这些人才不仅具备卓越的创新能力和实践经验，还能够在全球范围内开展合作与交流，推动创新创业活动的国际化发展。所以在未来的政策制定和实施过程中，政府应继续加大对人才引进与培养的投入力度，不断完善政策体系，以更好地服务于创新创业的发展需求。

（三）创新平台与孵化器建设

创新平台的建设涵盖了多种类型，其中科技园区和创业孵化器是两种最为典型的代表。科技园区通常集研发、生产、服务于一体，通过集聚高新技术企业、科研机构和创新型企业形成了良好的创新生态。这些园区不仅为创业者提供了宽敞的研发和生产场地，还配备了先进的基础设施和公共服务，如通信网络、环保设施、物流服务等，为企业的快速发展提供了有力保障。创业孵化器更加专注于初创企业的孵化与成长，它们通过提供低成本的办公空间、创业指导、融资对接、法律咨询等一站式服务，帮助创业者解决创业初期的各种难题。孵化器还通过举办创业培训、创业大赛等活动，激发创业者的创新思维和创业激情，提升他们的创业能力和市场竞争力。

除了创新平台的建设外，推动产学研合作也是促进科技成果转化与应用的重要途径。产学研合作是指企业、高校和科研机构之间通过资源共享、优势互补、协同创新等方式，共同推动科技创新和产业升级。这种合作模式不仅有助于企业获取最新的科研成果和技术支持，还能够促进高校和科研机构的科研成果快速转化为现实生产力。产学研合作中政府发挥着重要的引导和支持作用。政府通过制定相关政策、提供资金支持、搭建合作平台等方式推动产学研各方建立紧密的合作关系，鼓励企业加大研发投入，积极引进和转化科技成果，推动产业升级和经济发展。

二、政策优化与创新的方向

（一）精准化政策设计与实施

精准化政策设计的核心在于差异化，政策制定者需要深入了解不同行业的运营模式、技术特点、市场趋势以及面临的挑战，针对不同行业的特殊需求，设计出具有针对性的政策措施。对于高新技术产业，政策侧重于研发补贴、知识产权保护、人才引进等方面；对于传统产业升级，政策更多关注技术改造、节能减排、市场拓展等方面。针对不同发展阶段的企业，政策也应有所区分。初创企业应获得更多关于创业指导、融资支持、市场开拓等方面的帮助，成长期企业需要政策支持以扩大生产规模、提升品牌影响力，成熟期企业需要技术创新、国际化战略等方面的支持。这种基于企业发展阶段的差异化政策设计有助于企业在不同成长阶段都能获得最适宜的政策扶持。

精准化政策的实施不仅依赖于政策本身的合理性，还离不开广泛的政策宣传和培训。政策宣传旨在提高政策知晓度，确保企业和个人能够及时了解并充分利用政策资源。政府可以通过官方网站、社交媒体、行业协会等多种渠道，定期发布政策解读、操作指南等信息，帮助企业和个人快速准确地理解政策内容。政策培训是提升政策利用率的重要手段，政府可以组织专题培训、研讨会等活动，邀请政策制定者、行业专家、成功案例分享者等，为企业和个人提供深入的政策解读和实操指导。这些培训活动不仅有助于提升企业和个人的政策应用能力，还能促进政策与实践的深度融合，推动政策目标的顺利实现。

（二）区域差异化政策支持

不同地区在经济发展水平、产业结构、人才储备、科技创新基础等方面存在显著差异，所以制定统一的创新创业政策难以满足所有地区的实际需求。区域差异化政策支持旨在根据地区的特殊性，量身定制符合当地实际情况的政策措施。对于经济发达、科技创新基础雄厚的地区，政策更侧重于高端人才引进、科技创新平台建设、产业转型升级等方面；对于经济相对落后、创新创业资源匮乏的地区，政策则更多关注基础设施建设、技能培训、小微企业扶持等方面。

区域差异化政策框架下，鼓励地方政府根据自身特点，制定更具针对性的创新创业政策，是激发地方创新活力、形成政策合力的关键。地方政府更了解本地的经济社会发展状况、创新创业需求和资源条件，因此具有制定符合本地实际情况的政策的独特优势。通过赋予地方政府一定的政策制定自主权可以激发其积极性和创造性，推动形成一系列具有地方特色的创新创业政策，如设立地方创新创业基金、建设特色产业园区、举办创新创业大赛等。地方政府的差异化政策制定也有助于形成政策合力。不同地区的政策虽然各有侧重，但共同服务于推动创新创业、促进经济发展的目标。通过加强政策间的协调与配合可以形成优势互补、资源共享的良好局面，推动区域经济的整体提升。

实施区域差异化政策支持的过程中应注重：加强政策调研与评估，确保政策制定符合地方实际情况；加强政策宣传与培训，提高政策知晓度和利用率；建立政策反馈与调整机制，及时根据政策实施效果进行调整优化；加强跨区域政策交流与合作，促进政策经验的共享与借鉴。

（三）政策效果的评估与反馈

科学的政策评估体系是政策效果评估的基础，该体系应涵盖政策目标、实施过程、影响范围、受益群体、经济效益与社会效益等多个维度，以确保评估的全面性和准确性。评估方法可采用定量分析与定性分析相结合的方式，通过数据收集、案例分析、问卷调查等手段对政策的直接效果和间接影响进行深入剖析。定期评估也是确保政策效果评估时效性的关键，政府应设定合理的评估周期，对政策的实施效果进行阶段性回顾和总结。这有助于及时发现政策执行过程中存在的问题和不足，为政策调整提供科学依据。

政策反馈机制是连接政策制定者与政策受众的重要桥梁。通过广泛听取企业和个人的意见和建议，政府可以更加深入地了解政策在实际操作中的效果和影响，从而对政策进行持续优化。为确保政策反馈的有效性和广泛性，政府应建立多元化的反馈渠道，如设立政策咨询热线、开通在线反馈平台、组织政策听证会等。政府还应积极回应反馈意见，对合理的建议进行采纳并实施政策调整，以体现政策的灵活性和适应性。政策反馈过程中政府还应注重信息的透明度和公开性，通过定期发布政策评估报告、反馈意见处理情况等信息，增强公众对政策制定和实施过程的信任感和参与度。

为提升政策效果评估与反馈机制的有效性，政府应采取以下策略：加强政策评估专业人才的培养和引进，提升评估团队的专业素养和评估能力；建立跨部门协作机制，加强政策评估与反馈过程中的信息共享和协调配合；强化政策宣传和教育，提高公众对政策评估与反馈机制的认识和支持度；借鉴先进经验，不断完善政策评估与反馈机制的理论体系和实践操作。

三、创新创业政策的协同与整合

（一）跨部门政策协调机制

在日益复杂多变的政策环境中，跨部门政策协调机制成为政府提升治理效能、实现政策目标的关键所在。其核心在于构建一个高效的跨部门政策协调机构，加强各部门之间的沟通与协作，确保各项政策在制定与实施过程中能够相互衔接、协调一致。这一机制不仅有助于消除政策冲突与重复，还能促进政策资源的优化配置，形成政策合力，从而更好地应对社会经济发展的各种挑战。

为实现跨部门政策协调机制的有效运行，优化政策制定流程显得尤为重要，这要求政策制定过程既要遵循科学原则，确保政策设计的合理性与可行性，又要体现民主精神，广泛吸纳社会各界的意见与建议。优化后的政策制定流程，从问题识别、目标设定到方案设计、评估论证，再到公众参与、跨部门审议，直至政策发布与实施，每一个环节都力求严谨、透明。特别是在方案设计阶段，通过引入多领域专家咨询、模拟推演等方法提升政策设计的科学性；在公众参与环节，利用现代信息技术手段，拓宽公众参与渠道，增强政策的民主性和社会认可度。

跨部门政策协调机制的效能提升，还须注重机制的动态调整与持续优化：通过建立定期评估与反馈机制，对政策实施效果进行跟踪监测，及时发现并解决政策执行中的问题，确保政策目标的实现；加强跨部门协调机构的权威性与执行力，明确其职责范围与决策程序，确保政策协调的高效与顺畅。面对快速变化的社会经济环境，跨部门政策协调机制还须具备灵活性与适应性，能够根据形势变化及时调整政策方向，确保政策体系的持续有效与前瞻性。通过这一系列措施，跨部门政策协调机制将成为推动政府治理现代化、实现社会经济高质量发展的重要保障。

（二）政策与市场机制的衔接

政策与市场的互动是确保政策有效性的重要保障，在快速变化的市场环境中，政策应及时调整以适应市场变化，保持政策的灵活性和前瞻性。这要求政策制定者具备敏锐的市场洞察力，能够准确捕捉市场趋势，预测市场变化，从而制定出具有前瞻性的政策措施。政策调整还须注重与市场主体的沟通，通过市场调研、座谈会等方式收集市场主体的意见和建议，确保政策调整能够精准对接市场需求，避免政策滞后或过度干预市场。通过政策与市场的紧密互动，可以形成政策引导市场、市场反馈政策的良性循环，促进创新创业活动的持续健康发展。

政策与市场机制的协同作用，是优化资源配置、激发创新活力的关键。在市场机制的主导下，政策通过提供必要的制度保障和公共服务，为创新创业活动创造更加有利的条件，通过完善知识产权保护制度保护创新成果，激发创新主体的积极性；通过建设创新创业服务平台提供技术支持、信息咨询等服务，降低创新创业成本，提高创新创业效率。政策应注重培育良好的创新创业文化，营造鼓励创新、宽容失败的社会氛围，为创新创业活动提供强大的精神动力。通过政策与市场机制的协同作用可以形成优势互补、资源共享的创新创业生态系统，为经济社会发展注入源源不断的创新活力。

（三）先进经验借鉴与本土化创新

在全球化的背景下，国际间的创新创业政策交流日益频繁，为各国提供了宝贵的经验借鉴机会。积极借鉴先进的创新创业政策经验，对于提升我国创新创业政策的科学性和有效性具有重要意义。借鉴并非简单的复制、粘贴，而是要在深入理解先进经验的基础上，结合我国实际情况进行本土化创新。要对先进经验进行细致的分析与评估，根据我国创新创业发展的实际需求进行借鉴，为创新创业活动提供更加精准有效的支持。

国际合作与交流是提升我国创新创业政策国际影响力的重要途径，通过加强与国际组织、其他国家和地区的合作交流，可以深入了解全球创新创业政策的发展趋势，把握政策创新的最新动态，有助于推动我国创新创业政策与国际接轨，提升政策的国际化水平，为国内外创新创业者提供更加开放、包容的政策环境。国际合作与交流还能促进政策经验的共享和互鉴，推动各国创新创业政策的协同发展，共同应对全球创新创业面临的挑战与机遇。

在借鉴国际经验与加强国际合作的基础上，需要注重本土化创新，以打造适合我国国情的创新创业政策体系，为推动我国创新创业事业的蓬勃发展提供强有力的政策保障。

第六章　县域经济数字化转型的实践探索

县域经济是国民经济的基本单元，其数字化转型不仅是技术变革的必然趋势，更是实现城乡协调发展、推动乡村振兴战略落地的重要抓手。当前全球数字经济蓬勃发展，新一代信息技术加速向县域渗透，为传统产业升级、治理模式创新和服务效能提升提供了全新机遇。受制于基础设施薄弱、数据壁垒突出、人才储备不足等现实挑战，县域数字化转型仍面临理论与实践的双重探索需求。

本章立足于我国县域经济发展的特殊性，系统探讨数字化转型的实践路径：从数字化基础设施的优化入手，分析如何构建覆盖广泛、高效安全的底层支撑体系；聚焦数据资源的整合与共享机制，揭示数据要素在县域经济中的价值释放逻辑与治理难点；围绕数字化人才的培养与引进，提出破解县域人才困境的多元策略。通过这三层次的递进研究，旨在为县域经济实现“技术赋能—数据驱动—人才引领”的转型闭环提供理论框架与实践参考。

第一节　数字化基础设施建设与优化

在数字经济时代背景下，数字化基础设施成为推动县域经济高质量发展的关键支撑和先决条件，作为连接物理世界与数字空间的桥梁，不仅承载着数据要素的流通与交换，更是实现产业数字化、治理智能化、服务普惠化的物质基础。信息技术的快速迭代和深度应用使县域数字化基础设施建设正面临从“有没有”向“好不好”转变的关键阶段。本节将系统考察县域数字化基础设施的发展现状与现实需求，深入分析网络通信、计算存储、感知终端等关键要素的配置状况，并基于技术经济范式提出切实可行的优化路径。本节将特别关注基础设施的协同效应和乘数效应，探讨如何通过技术创新和制度创新，实现有限资源约束下的最优配置，为县域经济数字化转型奠定坚实的物质技术基础。

一、数字化基础设施的现状与需求

（一）县域网络覆盖与通信能力

当前县域网络基础设施建设呈现出明显的非均衡发展态势，这种空间分异特征深刻影响着县域数字化转型的进程与效果。移动通信网络覆盖呈现出梯度化分布格局：第四代移动通信技术虽已在行政村级单位实现普遍覆盖，但受制于地形复杂性和投资回报率等因素，部分偏远地区的网络覆盖仍存在结构性缺口；第五代移动通信网络的部署表现出显著的中心的特征，主要集中于县域核心城区，向乡镇及农村地区的延伸明显滞后。

固定宽带网络的发展同样面临技术代际差异的挑战，光纤到户技术在县域的渗透率存在显著空间分异，部分经济发展相对滞后的县域仍大量沿用传统铜缆传输技术。这种传输介质的技术局限性不仅制约了高带宽应用的普及推广，更在深层次上影响着县域数字经济的业态培育和发展质量。

新兴数字应用场景对网络质量提出了更高要求，远程医疗会诊需要稳定的高带宽支持，在线教育场景对网络时延具有严苛要求，智慧农业应用依赖广覆盖的物联网通信能力。这些应用场景的技术需求与当前县域网络供给能力之间存在着明显的结构性矛盾。这种供需矛盾的形成具有深刻的技术经济逻辑，网络基础设施的建设遵循边际成本递增规律，人口密度较低的地区单位覆盖成本显著提高，数字应用的发展又表现出明显的网络外部性特征，使用价值随用户规模扩大而提升。这种双重特性导致县域网络发展陷入“低覆盖—低应用—低回报”的恶性循环。

破解这一困境需要从技术创新和制度创新两个维度寻求突破：技术层面可通过异构网络融合、边缘计算等新型架构提升资源利用效率；制度层面则需要建立有效的普遍服务机制，平衡基础设施建设的商业价值与社会效益。只有通过这种系统性解决方案才能真正实现县域网络覆盖从“量的普及”向“质的提升”的转变。

（二）数据中心与云计算平台建设

县域数据中心的发展呈现出典型的“碎片化”特征，这种发展特征蕴含着深层次的结构性矛盾。县域数据中心建设普遍存在规模不经济现象，大量小型数据中心的分散布局不仅难以形成集聚效应，更造成了严重的资源闲置和能源浪费。这种“小而散”的发展态势体现出地方政府在数字化转型过程中对规模经济规律认识不足。

云计算服务能力的区域失衡问题同样值得关注，多数县域的云计算发展陷入“技术依赖”困境，其数字化应用高度依托省市级云平台的算力支撑。这种外部依赖不仅增加了数据流转的时延和成本，更制约了县域自主发展数字经济的可能性。这种算力布局的不均衡正在加剧区域数字鸿沟。

边缘计算技术的兴起为县域算力体系建设提供了新的可能性，“边缘计算＋中心云”

的混合架构在理论上能够有效平衡集中与分散的关系，但在实践层面仍面临诸多挑战。边缘节点的部署需要充分考虑县域产业特点和应用场景，而非简单的技术移植。这种架构转型不仅涉及技术路线的调整，更需要对现有的数字治理体系进行重构。

县域数据中心建设困境反映了当前数字基础设施规划中的价值冲突：地方政府追求数字绩效推动了大量低效投资，市场机制在资源配置中的决定性作用未能充分发挥。要破解这一困局需要建立更加科学的数字基础设施评价体系，将能源效率、使用效益等指标纳入考核范畴。

未来县域算力体系的发展应当遵循“需求导向、适度超前”的原则，不盲目追求技术先进性，而构建与本地经济社会发展水平相匹配的数字基础设施。这种发展路径要求决策者具备更强的战略制定能力和技术判断力，在“有为政府”和“有效市场”之间找到恰当的平衡点。

（三）物联网与智能终端部署

县域物联网技术的发展呈现出明显的“应用分层”特征，这种技术扩散模式反映了县域经济数字化转型的阶段性特点。当前县域物联网应用主要集中在公用事业领域的基础监测层面，形成了以智能计量和环境感知为代表的第一应用梯队。这类应用具有实施门槛低、投资回报明确的特点，符合技术扩散初期的一般规律。

产业数字化领域物联网技术的渗透明显滞后，农业、制造业等县域支柱产业的物联网应用仍停留在示范项目阶段，未能形成规模效应。这种应用断层现象的背后是技术供给与产业需求之间的结构性错配。现有物联网解决方案通常源自城市应用场景，难以完全适配县域产业特有的生产环境和运营模式。

从技术经济学的视角分析，县域物联网发展面临“双重约束”：硬件部署的高成本与产业承受能力的矛盾，复杂技术方案与本地技术消化能力的差距。这种约束条件决定了县域物联网发展必须走差异化路径，不能简单复制城市或发达地区的应用模式。

未来县域物联网部署需要重点解决三个维度的适配性问题：技术适配，开发适合县域特点的低成本、低功耗终端设备；场景适配，针对特色产业设计定制化解决方案；能力适配，培育本地化的技术运维力量。这种“三位一体”的发展思路才能真正推动物联网技术从“可用”向“好用”的转变。

县域物联网发展本质上是一个技术社会化的过程，它不仅涉及硬件设备的部署，更需要重构现有的产业组织方式和生产流程。这一过程的成功与否很大程度上取决于技术方案能否与县域社会文化环境相融合，形成具有地方特色的技术应用范式。

二、数字化基础设施的优化路径

（一）提升网络速度与稳定性

县域网络基础设施的优化升级需要构建多层次、立体化的技术解决方案。移动通信网络领域5G技术的延伸部署应当遵循“梯度推进、重点突破”的实施路径，通过制定差异化的网络建设策略，优先保障乡镇中心区域的连续覆盖，逐步向周边乡村辐射延伸。“5G+光纤”双千兆网络的协同部署不仅能够实现无线与有线网络的互补优势，更能够在本质上重构县域数字基础设施的底层架构，为高带宽、低时延应用场景提供可靠的技术支撑。这种融合组网模式体现了新一代信息通信技术发展的系统性和整体性特征。

农村地区的网络覆盖优化需要创新技术应用思路，传统宏基站的部署模式在人口稀疏区域面临投资回报率过低的现实约束，这就要求采用更加灵活多样的技术手段。微基站组网可以针对特定区域实现精准覆盖，卫星通信技术则能够有效解决极端偏远地区的接入难题。这些技术方案的选择和应用，本质上是在经济可行性与技术先进性之间寻求最优平衡点的过程。农村网络覆盖不仅是一个技术问题，更是一个涉及资源配置效率的治理问题，需要建立科学的决策评估机制。

广域网（SD-WAN）技术的引入代表着网络架构的重要变革，该技术通过将控制平面与数据平面分离，实现了网络资源的智能化调度和动态优化。对于县域而言，SD-WAN的应用能够有效解决跨区域数据传输中的效率瓶颈问题，特别是在电子政务、远程医疗等对网络质量要求较高的应用场景中具有显著优势。这种网络虚拟化技术的推广使用不仅提升了现有网络基础设施的利用效率，更为未来网络演进提供了平滑过渡的技术路径，是县域网络现代化转型的重要突破口。

（二）推动基础设施共建共享

基础设施共建共享机制的构建需要突破传统行业壁垒，建立新型协同发展范式，电信运营商、电网企业与交通部门等主体间的跨行业合作，本质上是对既有资源利用模式的系统性重构。杆塔、管道、机房等物理资源的集约化利用不仅能够显著降低部署成本，更体现了绿色低碳的发展理念。这种多行业基础设施的融合共享，要求建立统一的技术标准和接口规范，需要完善相应的利益分配和运维责任机制。这种合作模式打破了传统基础设施建设的“条块分割”局面，为构建新型数字基础设施体系提供了制度创新空间。

县域数字化基础设施发展亟须建立科学的统筹协调机制，以解决重复建设和资源浪费问题。一个高效的协调机制应当包含规划制定、项目审批、建设监督等全流程管理功能，通过建立负面清单和准入标准来规范市场行为。这种机制设计不仅要考虑短期建设效益，更要着眼于长期运营维护的可持续性。协调机制需要明确的法律依据和政策支持，要充分尊重市场规律，避免过度行政干预资源配置。

（三）加强基础设施的安全保障

县域数字化基础设施的安全防护体系建设需要构建多层次的纵深防御机制，建立县域级网络安全监测预警平台是提升主动防御能力的重要举措，该平台应当整合威胁情报收集、异常行为分析和风险预警处置等功能模块，形成覆盖网络层、系统层和应用层的立体化监测体系。针对分布式拒绝服务（DDoS）攻击、数据泄露等典型网络安全风险，需要部署智能流量清洗系统和数据防泄露解决方案，建立基于行为分析的异常检测模型。这种防御体系的构建不仅要考虑技术防护手段的完备性，更要注重安全策略与业务需求的适配性，避免因过度防护影响正常业务开展。

关键信息基础设施的安全保障需要遵循系统化、标准化的实施路径，对智慧水务、电力调度等涉及国计民生的重要系统实施等保 2.0 标准合规改造，通过标准化手段提升安全防护基线。这一过程需要从物理环境、网络架构、主机系统、应用软件和数据安全等多个维度进行系统性加固，建立符合“三化六防”要求的安全防护体系（详见表 1）。关键信息基础设施的安全防护不能仅停留在技术层面，还需要建立健全安全管理制度和操作规程，形成人防、技防、制防相结合的综合防护格局。

表 1　关键信息基础设施安全保障“三化六防”要求

分类	具体内容	
“三化”	实战化	以实际攻防场景为导向，强化关键信息基础设施在真实网络安全威胁环境下的防护能力，注重实战演练和应急响应能力提升，确保遭受攻击时有效应对
	体系化	从整体架构出发，构建涵盖技术、管理、人员等多个维度的安全防护体系，实现各环节、各要素协同联动，形成全方位、多层次安全保障网络
	常态化	将安全防护工作融入日常运营和管理，建立持续的安全监测、评估和改进机制，避免安全防护成为阶段性、临时性工作，确保关键信息基础设施始终安全可控
“六防”	防火墙	部署防火墙等网络安全设备，对网络流量进行监控和过滤，阻止未经授权的访问和恶意攻击，形成网络边界第一道安全屏障
	入侵检测与防御（IDS/IPS）	实时监测网络中的异常行为和潜在攻击，主动识别并阻断入侵行为，及时发现和处理安全漏洞，降低系统被攻击风险
	数据加密	对关键信息和数据进行加密处理，防止数据在存储、传输过程中被窃取、篡改或泄露，保障数据保密性和完整性
	访问控制	基于身份认证和权限管理，严格控制用户对关键信息基础设施的访问权限，确保只有授权人员能获取和操作相关资源，避免越权访问和非法操作
	安全审计	对系统内的操作行为进行全面记录和审计，便于事后追溯和分析安全事件，及时发现安全隐患和违规行为，为安全策略优化提供依据
	灾难备份与恢复	建立完善的灾难备份机制，定期对关键数据和系统进行备份，在遭受自然灾害、人为攻击等突发事件时，能快速恢复系统运行和数据完整性，减少损失

网络安全应急响应能力的培育是安全保障体系的重要组成，定期开展网络安全应急演练，不仅能够检验防护措施的有效性，更是提升基层人员风险处置能力的必要手段。演练内容应当涵盖攻击发现、事件研判、应急处置和系统恢复等全流程环节，通过模拟真实攻击场景来锻炼实战能力。要建立完善的应急预案体系，明确不同等级安全事件的处置流程和责任分工。这种应急能力的建设需要持续投入和反复锤炼，只有通过常态化的演练和培训才能确保在真实攻击发生时能够快速响应、有效处置，最大限度地降低安全事件造成的损失和影响。

第二节 数据资源整合与共享机制

在数字经济快速发展的时代背景下，数据要素已成为推动县域经济高质量发展的新型战略资源。本节基于要素市场化配置理论，系统探讨县域数据资源整合与共享的内在机理和实施路径，旨在构建“价值发现—要素整合—安全保障”的完整理论框架。本节采用制度分析与技术治理相结合的方法论，既关注数据共享的政策设计，又考察技术解决方案的适配性。本节剖析县域数据资源的分布特征与价值属性，系统阐述数据整合的技术路径与制度创新，深入探讨安全保障体系构建。这种“认知—方法—保障”的三维分析框架，既符合学术研究的逻辑自洽性要求，又契合实践推进的时序性特征。通过理论建构与实践探索的有机结合，致力于为县域数据要素的市场培育提供兼具学术价值和实践意义的研究成果。

一、数据资源的现状与价值

（一）县域数据资源的类型与分布

县域政务数据由政府部门在履职过程中产生和收集，涵盖人口、地理空间、法人、经济统计等多个领域。人口数据不仅包含户籍信息，还有就业、教育、医疗等动态数据，为县域公共服务规划和资源分配提供依据。地理空间数据精确描绘了县域的地形地貌、交通网络，为基础设施建设、产业布局规划提供支持。这类数据多集中于政府相关职能部门，通常在内部信息系统中以结构化的数据库形式保存，具有规范性、权威性等特征。政府主导的政务数据开放平台逐渐兴起，推动部分政务数据向社会开放，激活数据价值。

县域产业数据与当地特色产业紧密相连。在农业大县，土地面积、土壤质量、农作物产量和病虫害情况等数据，对智慧农业的发展起着关键作用。在工业领域，企业的生产流程、产品质量、供应链信息等数据有助于提升生产效率和优化供应链管理。而在文旅产业，游客流量、消费偏好、景区热度等数据，能够助力精准营销。这些数据分散在各类市场主体中，形式多样，包括结构化的生产数据、半结构化的业务文档以及非结构化的图像和视频。受企业数字化水平和数据管理能力的影响，产业数据的质量和可用性存在较大差异。

社会民生数据反映了县域居民的生活状态，涵盖医疗健康、教育服务、交通出行等多个方面。医院的病历档案、诊疗记录，学校的学生成绩、师资力量，以及交通部门的实时路况、公交运营数据等，都属于这一范畴。这些数据一部分由公共服务机构收集，另一部分则通过互联网平台和智能设备产生。物联网、移动互联网的普及使社会民生数据呈爆发式增长，为改善公共服务、提升居民生活质量提供了丰富的信息支持。

县域数据资源类型丰富，分布广泛，不同类型的数据在不同主体和系统中积累沉淀，只有全面了解县域数据资源的类型与分布才能制定针对性的数据整合与共享策略，挖掘数据价值，为县域经济数字化转型和乡村振兴提供强大的数据驱动力 。

（二）数据资源的经济与社会价值

数据资源为县域特色产业的升级转型提供了有力支撑。以农业为例，通过收集土壤湿度、温度、光照等数据结合大数据分析技术，农民能够精准掌握农作物的生长状况，实现精准灌溉、施肥和病虫害防治，提高农产品产量与质量，降低生产成本。在工业领域，利用生产过程中的实时数据，企业可优化生产流程，减少生产环节的资源浪费，提升生产效率。以某县域制造业企业为例，引入数字化管理系统后，通过对设备运行数据的实时监测与分析，设备故障预警准确率大幅提高，设备停机时间显著缩短，产能得到有效提升。

数据资源能够催生新的商业模式与业态，在电商直播的带动下县域农产品借助互联网平台，打破地域限制，直接面向全国消费者，拓宽了销售渠道。数据挖掘技术有助于发现市场新需求，为企业开发新产品、新服务提供方向。一些县域企业通过分析消费者评价数据，捕捉到消费者对绿色、健康产品的偏好，进而推出相关产品，赢得市场份额。

数据资源助力县域政府提升公共服务水平：医疗领域，通过整合居民健康档案、诊疗记录等数据，实现医疗信息共享，医生能够快速获取患者病史，作出更准确的诊断，减少医疗差错；教育方面，借助大数据分析学生学习行为，教师可开展个性化教学，满足不同学生的学习需求，提升教育质量；交通部门通过实时交通数据优化交通信号灯配时，缓解交通拥堵，提升居民出行体验。

数据资源为县域社会治理提供了新的思路与方法，通过对治安监控数据、人口流动数据的分析，公安机关能够提前预判犯罪趋势，实现精准打击。政府利用大数据分析舆情，及时了解民众诉求，为政策制定提供依据，增强政策的针对性与实效性，如某县在制定民生政策时，通过分析社交媒体上的民意数据，精准聚焦民众关心的热点问题，使政策更贴合民众需求。

数据资源在县域经济数字化转型中扮演着重要角色，不仅为经济发展注入新动能，推动产业创新升级，还在优化公共服务、促进社会治理现代化等方面发挥着积极作用。深入挖掘数据资源的经济与社会价值，对实现乡村振兴、建设数字乡村具有深远意义。

（三）数据资源开发中的主要问题

县域各部门在数据采集过程中缺乏统一的标准与规范，导致数据的准确性难以保障。例如，在人口统计工作中，不同部门采集的人口信息在年龄、职业等关键字段上存在差异，部分数据采集人员专业素养不足，录入错误或不完整的数据，降低了数据质量。又如，部分设备因老化或技术限制，采集的数据存在误差，使基于这些数据作出的决策偏离实际情况。

县域经济的快速发展使数据更新的速度无法满足决策的需求，产业监测方面由于数据收集和整理流程烦琐，导致反映产业动态的数据存在较长的延迟。一些传统行业的数据采集频率低，无法及时反映市场的变化，使政府和企业在制定发展战略时，难以依据最新的信息作出科学决策。县域内各部门之间缺乏有效的沟通协调机制，出于对数据安全和自身利益的考虑，存在“数据孤岛”现象，政务部门掌握着大量的人口、企业数据，而产业部门拥有丰富的市场数据，但两者之间的数据共享程度较低，无法形成数据合力，限制了数据资源的综合利用。数据共享过程中的安全问题是阻碍数据开放的重要因素：部分县域缺乏完善的数据安全防护体系，数据在传输、存储过程中容易遭受攻击，导致数据泄露；数据使用权限界定不清晰，存在数据滥用的风险，使数据所有者对数据共享持谨慎态度。

县域数字化转型起步较晚，对大数据技术人才的吸引力不足，导致数据开发和分析技术人才匮乏。许多工作人员缺乏专业的数据分析技能，无法运用先进的工具对海量数据进行挖掘和分析，难以从数据中提取有价值的信息。

数据资源开发需要大量的资金投入，用于购买先进的技术设备和软件。部分县域财政紧张，在数据技术研发和基础设施建设方面的投入不足，限制了数据处理能力和分析水平的提升，难以满足县域经济数字化转型的需求。数据资源开发过程中数据质量、数据共享和数据开发能力等方面的问题突出。解决这些问题，需要政府、企业和社会各方协同合作，制定统一的数据标准，打破部门壁垒，加大技术和人才投入，为县域经济数字化转型奠定坚实的数据基础。①

二、数据资源整合的路径与方法

（一）数据采集与标准化

数据采集与标准化是数据价值链的初始环节，其科学性与规范性直接决定了后续价值

① 李燕凌，蔡湘杰．县域产业结构转型与数字化协同的组态路径研究——基于 31 个县（县级市）的模糊集定性比较分析 [J]. 管理学刊，2024，37（4）：30–48.

释放的深度与广度。从信息科学视角来看，这一过程本质上是通过建立统一的数据语义体系，破解源数据间的异构性难题，需要构建涵盖数据命名规则、格式标准、质量要求等维度的标准化框架，实现不同来源、不同结构数据的互操作性。在技术实现上，元数据管理体系的建立具有基础性意义，通过设计层次化的元数据架构明确业务元数据、技术元数据和管理元数据的分类标准与关联关系，为数据要素的跨系统流动奠定语义基础。这一过程不仅涉及技术标准的制定，更需要充分考虑县域业务场景的特殊性，避免因过度标准化而丧失数据的场景适配性。

数据质量控制应当贯穿采集全过程，建立包括完整性、准确性、一致性、时效性等维度的质量评估指标体系，采用“采集即治理”的理念，在数据入口处实施严格的质量校验，从源头确保数据资产的可靠性。县域环境下的数据采集通常面临基础设施不完善、人员素质参差不齐等现实约束，这就要求质量控制机制必须具备足够的韧性和容错能力。

专业人才队伍的建设是保障工作成效的关键支撑，需要培育既懂数据技术又熟悉县域业务的复合型数据治理团队，采用“理论培训＋实践指导”的培养模式，提升团队的标准制定能力和质量管控水平。应当借鉴先进的数据管理框架，结合县域实际进行本土化改造，形成可落地、可持续的数据治理体系。

科学的数据采集与标准化工作能够显著降低后续数据整合的成本，提升数据要素的流通效率。这种基础性投入虽然短期效益不明显，但长期来看是释放数据要素乘数效应的必要前提。所以县域数字化转型过程中，应当给予数据基础性工作足够的重视和持续的资源投入。

（二）数据平台建设与互联互通

数据平台建设是数字化转型的核心载体，其成功实施需要系统性的方法论指导。从系统工程视角来看，“统筹规划、分分实施”原则体现了对复杂系统建设规律的深刻把握，既避免了盲目建设的资源浪费，又确保了平台发展的可持续性。县域数据中台的构建本质上是通过建立统一的数据服务层，实现业务系统间的松耦合连接，这种架构设计突破了传统点对点集成的局限性。

技术架构方面平台设计需要遵循模块化、服务化的理念，通过抽象共性数据能力形成可复用、可组合的服务组件，这种设计范式不仅提升了系统的灵活性，更降低了后续功能扩展的技术门槛。值得注意的是，良好的架构设计应当具备技术中立的特性，能够适应底层技术的迭代演进，避免因技术路线锁定而导致的平台僵化。平台建设过程中的组织适配性问题尤为关键，数据中台的引入必然带来业务流程重组和权责关系调整，这就要求建立与之相匹配的组织机制。需要打破传统的部门壁垒，构建跨职能的数据治理团队；要重塑绩效考核体系，激励各部门积极参与数据共享。这种组织变革的深度通常决定了平台应用的实际成效。

平台建设应当采用“最小可行产品”的迭代开发模式，通过优先实施核心功能模块快速验证技术路线的可行性，再根据实际应用反馈进行渐进式优化。这种演进策略既能控制投资风险，又能确保平台功能与业务需求的持续契合。平台演进过程必须保持战略定力，避免因短期需求变动而偏离既定架构方向。

平台价值的实现最终体现在业务赋能层面，优秀的数据平台应当成为业务创新的催化剂，通过降低数据获取和使用的技术门槛，激发各业务部门的数据应用创新。这种赋能效应不是简单的技术输出，而是通过构建数据驱动的决策文化，从根本上提升组织的数字化运营能力。所以平台建设成效的评估不应局限于技术指标，更要关注其对业务变革的实际推动作用。

（三）数据开放与共享机制

数据开放与共享机制的设计需要建立在激励相容的理论基础之上，有效的共享机制必须能够协调多元主体的利益诉求，通过合理的制度安排使各参与方在追求自身利益最大化的同时，自发实现集体目标的最优化。这种机制设计的核心在于破解“公地悲剧”与“反公地悲剧”的双重困境，在数据垄断与数据滥用之间找到恰当的平衡点。分级分类开放目录的制定本质上是对数据资产的价值评估和风险定价过程，需要建立科学的分类体系和动态调整机制。

技术创新在平衡数据安全与价值挖掘方面发挥着关键作用，技术解决方案不仅改变了传统的数据流通模式，更重塑了数据要素市场的信任基础。技术手段的选择必须与具体应用场景相匹配，过度追求技术先进性会导致实用性的丧失。理想的技术架构应当具备适应性特征，能够根据数据敏感程度和应用需求灵活调整保护强度。

机制创新的深层意义在于重构数据治理的权力结构，传统的数据管理模式下数据控制权高度集中，抑制了数据要素的活力释放。而现代共享机制通过建立分布式治理架构，实现了数据所有权、使用权和管理权的适度分离。这种权力重构不是简单的权利让渡，而是通过建立新型治理规则，形成各主体共同参与、共担责任、共享收益的生态体系。实践中这种机制创新通常需要配套的法律保障和组织变革，其成功实施取决于制度环境与技术能力的协同演进，数据共享机制的完善程度将成为衡量县域数字治理水平的重要标尺。

三、数据资源的安全与隐私保护

（一）数据安全的法律与政策保障

法律与政策保障是数据安全治理体系的制度基石，其构建需要遵循法治化与系统化相结合的原则。现代数据安全立法呈现出从单一规制向体系化治理的演进趋势，通过建立多层次、多维度的法律框架为数据要素市场化配置提供稳定的制度预期。县域层面的制度设计应当注重法律规范的本土化实施，在遵循上位法基本原则的前提下结合地方实际制定具有操作性的实施细则。这种制度落地的过程，本质上是对抽象法律规则的具体化和场景化改造。

政策工具的运用需要把握规制弹性与监管刚性的辩证关系：通过建立数据分类分级保护制度，对核心数据实施重点保护；要为新兴技术应用预留试错空间，避免过度监管抑制创新活力。这种政策张力的平衡要求决策者具备前瞻性的战略眼光和精准的风险判断能力。特别值得注意的是，数据安全政策的制定应当建立在对技术发展趋势和产业发展规律的深刻理解之上，避免出现制度滞后或规制过度的双重风险。

制度设计的价值取向体现了发展与安全动态平衡的治理智慧，数字经济时代数据安全治理不能简单地采取防御性思维，而应当构建促进数据合规高效流通的制度环境。这种治理理念的转变，反映了从被动管控向主动治理的范式升级。实践中需要建立制度实施的效果评估机制，通过定期检视政策执行情况及时调整制度供给的方向和力度，确保法律政策始终与数字经济发展阶段相适应。这种动态调适能力，是数据安全制度体系保持生命力的关键所在。

（二）数据隐私保护的技术手段

技术防护体系的构建需要遵循纵深防御的核心理念，通过多层次、多维度的安全措施形成复合型保护机制，这种防御体系应当覆盖数据采集、传输、存储、使用和销毁的全生命周期，实现安全能力的系统化集成。数据加密技术保障了静态和动态数据的机密性，细粒度的访问控制机制确立了最小特权原则，而完整的行为审计体系则提供了事中监控和事后追溯的能力。这种环环相扣的技术链条，构成了应对复杂安全威胁的基础防线。

隐私计算技术的兴起为数据要素的安全流通开辟了新路径，同态加密、安全多方计算、联邦学习等技术范式，通过密码学方法实现了数据“可用不可见”的革命性突破。这些前沿技术在县域场景的落地面临着特有的适配性挑战，包括计算资源约束、技术接受度门槛和运维复杂度等问题。这就要求技术选型必须进行充分的适用性评估，避免陷入“技术先进但实用性不足”的困境。理想的技术方案应当兼顾安全强度与实施成本，在保障核心数据安全的前提下保持系统的易用性和可维护性。

技术路线的战略性选择需要建立在对县域数字化发展阶段的准确判断之上，过度追求技术完备性会导致资源错配，而防护不足则会埋下安全隐患。科学的技术决策应当基于系统的风险评估，识别关键数据资产和核心业务系统，实施差异化的防护策略，技术体系的构建必须预留演进空间，能够适应未来安全威胁的变化和业务需求的扩展。这种既立足当下又面向未来的技术规划，才能真正建立起与县域数字化转型进程相匹配的安全保障能力。技术防护效能的充分发挥，最终依赖于其与管理制度和人员素质的协同提升。

（三）数据使用中的伦理与规范

数据伦理与规范建设代表着数字文明时代的新型治理范式，其核心在于确立技术应用的价值基准和行为边界。数据伦理建设本质上是对“技术中性论”的超越，通过引入价值理性来制衡工具理性的过度扩张。这种伦理框架的构建不能停留于抽象的原则宣示，而需要转化为具体的行业准则和行为规范，形成具有可操作性的道德约束机制。县域数字化实践中伦理准则的制定应当充分考虑地方文化传统和社会心理特征，使伦理要求真正内化为各主体的自觉意识。

软性规范与硬性规制的协同作用体现了现代治理体系的复合性特征，法律规制通过外部强制力划定行为底线，而伦理规范则通过道德自律提升行为标准，两者形成互补共生的关系。这种双重治理机制能够有效应对技术快速发展带来的规制滞后问题，在法律法规尚未覆盖的灰色地带发挥引导作用。数据伦理建设不能简单移植西方经验，而需要立足本土文化语境，构建具有中国特色的数字伦理体系。这种文化适配性决定了伦理规范的实际影响力和持久性。

伦理考量的全过程渗透反映了“科技向善”的价值追求，从算法设计的公平性审查，到应用效果的社会影响评估，伦理原则应当贯穿技术生命周期的各个环节。这种全方位的价值嵌入既是对技术异化风险的预防，也是对技术创新方向的引导。县域数字化转型中尤其需要强调“技术为民”的伦理导向，确保数字化成果真正惠及基层群众。这种价值坚守不仅关乎技术应用的正当性，更是数字时代执政为民理念的重要体现。数据伦理建设将深刻影响数字文明的发展轨迹，其意义远超单纯的技术安全范畴。

第三节 数字化人才的培养与引进

数字化人才是推动县域经济数字化转型的核心动能，其培养与引进机制的完善程度直接决定了县域数字经济发展的质量与可持续性。本节基于人力资本理论和新经济增长理论，系统构建县域数字化人才发展的“需求—供给—生态”三维分析框架，深入探讨人才要素在县域数字化转型中的关键作用与实现路径。从理论创新的角度来看，县域数字化人才发展面临三个关键理论命题：传统人力资本理论在解释数字技能快速迭代背景下的能力积累机制时存在局限性，人才流动的“中心—外围”模型难以完全解释数字经济时代的人才分布规律，县域场景下的人才生态系统具有独特的构成要素和运行逻辑。这些理论问题的突破对完善数字经济时代的人才发展理论具有重要意义。当前县域数字化人才建设面临三重现实挑战：人才需求的多维性与供给单一性的矛盾，人才培养的长期性与转型紧迫性的张力，人才引进的高成本与县域承载力的限制。这些挑战的实质是县域人才发展体系与数字化转型需求之间的结构性失衡。在乡村振兴战略背景下，农业农村数字化人才的短缺已成为制约农业现代化的重要因素。

一、县域数字化人才的需求分析

（一）数字化转型对人才的需求

数字化转型进程中的人才需求演变呈现出显著的多维特征与专业化取向，这一现象背后蕴含着深刻的技术经济范式转换逻辑。新一代信息技术与县域经济的融合创新正在重塑人才能力的构成要素，推动需求结构从离散的专业分工向融合的复合能力转变。这种转变反映了数字经济时代知识生产方式的根本变革，即技术应用场景的复杂化要求人才具备跨界整合的能力素质。

当代县域数字化人才需求呈现出典型的“T”形结构特征：垂直维度上要求对云计算、大数据分析、物联网等专业技术领域有深入掌握，水平维度上需要具备将专业技术转化为产业价值的跨界融合能力。这种能力结构的重构标志着数字化转型正从单纯的技术采纳阶段迈向深度价值创造阶段。不同产业门类对“技术—业务”复合能力的具体要求存在显著差异，这种差异性正是县域特色产业数字化转型独特性的重要体现。

人才需求的专业化趋势呈现出梯度演进特征：初期阶段侧重于基础设施建设和系统运维的基础技术人才，中期阶段需要数据分析和应用开发的中级专业人才，成熟阶段呼唤具备数字战略规划和商业模式创新能力的复合型领军人才。这种演进路径反映了数字化转型从工具应用到业务重构，再到生态创新的发展逻辑。这种人才需求转变揭示了数字技术影响下生产函数的结构性变化，当数据成为关键生产要素，技术成为通用的技术时，传统的人力资本积累模式已难以适应新的生产范式。这就要求人才培养体系必须突破专业分割的传统模式，构建适应数字经济发展需要的知识体系和能力框架。这种转变不仅是技能要求的调整，更是人才观和教育理念的深层次变革。

（二）县域人才结构的现状与短板

县域人才结构的现状分析揭示出深层次的系统性矛盾，这一现象可置于“核心—边缘”区域发展理论的框架下进行阐释。县域人才生态呈现出典型的梯度衰减特征，表现为数字化人才要素的密度、层次与结构三个维度的复合性失衡。这种失衡状态是城乡二元结构在人力资本积累层面的具体映射，反映了区域发展不均衡在数字经济时代的新的表现形式。

当前县域人才结构面临三重结构性困境：数字化人才存量与区域经济发展需求之间存在数量级差异，人才密度指标显著低于城市地区；具备战略视野和技术领导力的高层次人才占比不足，形成人才金字塔的“顶端缺失”现象；现有人才能力结构与产业数字化转型需求错位，产生供需结构性矛盾。这些困境的形成既有历史积累因素，也受制于持续存在的人才虹吸效应。

县域人才队伍面临知识折旧加速与更新机制滞后的双重压力：数字技术的快速迭代导致传统技能加速贬值，县域继续教育体系尚未建立有效应对技术变革的响应机制。这种矛盾在网络安全、智能算法等前沿技术领域表现得尤为突出，直接制约了县域把握技术机遇的能力。年龄结构的代际失衡进一步加剧了知识更新的难度，形成人力资本积累的恶性循环。

这种人才结构困境揭示了县域数字化转型面临的根本性挑战，当人才要素成为数字经济时代最活跃的生产力时，县域在人才竞争中的相对劣势会进一步扩大区域发展差距。这一问题的解决不能仅依靠传统的人才政策工具，而需要构建包括教育生态、产业环境、生活品质等在内的系统性解决方案。唯有通过多维度的制度创新，才能打破人才要素流动的壁垒，实现县域人才结构的优化重构。

（三）人才需求与供给的匹配问题

县域数字化人才供需的结构性失衡构成了制约转型进程的瓶颈，这一现象可从教育经济学与技术创新理论的交叉视角进行解析。当前存在的供需错配问题反映了教育培训系统与产业技术演进之间的动态脱节，这种脱节在技术变革加速期表现得尤为显著。具体表现为教育供给的刚性特征难以适应产业需求的弹性变化，形成人才培养的"时滞效应"和质量缺口。

这种结构性矛盾呈现出双重维度：纵向维度上，传统学历教育过于侧重理论传授而弱化实践能力培养，导致毕业生面临"知识过剩而能力不足"的窘境；横向维度上，继续教育体系未能建立与技术迭代同步的更新机制，造成在职人员的技能老化。特别是在人工智能、区块链等颠覆性技术领域，这种供需缺口呈现持续扩大的趋势。县域特有的产业生态使这一问题进一步复杂化，通用型人才培养模式难以满足特色化产业转型需求。

破解这一困境需要构建响应型人才培养新范式，产教融合是关键突破口，其本质是通过重构教育组织形态，打破学校与产业间的制度壁垒，形成知识生产与应用的闭环系统。这种融合不能停留在表面的校企合作层面，而需要深入课程开发、师资共建、评价标准等核心环节，必须创新"终身学习、即时更新"的培养机制，通过微证书体系、"技能银行"等新型制度设计实现人力资本的持续增值。这种系统性改革不仅涉及教育体系的革新，更需要产业政策、就业政策与教育政策的协同发力。

人才供需匹配问题的解决指向了教育生态的重构，数字经济时代传统的线性教育模式正被网络化、个性化、持续性的学习生态所取代。县域应当把握这一转型机遇，通过数字化手段弥合教育资源鸿沟，构建适应本地产业特点的弹性学习体系。这种生态化转型不仅是技术应用的过程，更是教育理念和制度设计的深刻变革，其成功实施将为县域数字化转型提供可持续的人才支撑。

二、数字化人才培养的路径

（一）高校与职业教育的数字化转型

基于产业人才需求预测分析建立专业设置的快速响应机制，实现从“供给导向”向“需求导向”的根本转变。重点在于构建“产业—专业”的映射矩阵，通过建立专业建设指导委员会等治理机制，确保专业发展方向与区域重点产业保持战略协同。这种专业调整既要避免盲目跟风导致的同质化竞争，也要防止过度专业化造成的学生适应能力下降。

课程体系的革新需要建立技术发展的追踪与转化机制，通过组建由专业教师、行业专家和技术人员构成的课程开发团队，构建“基础模块 + 技术前沿 + 产业应用”的立体化课程结构。特别要注重将行业技术标准转化为教学标准，实现教学内容与技术发展的动态同步。实施层面可采用“核心课程稳定化、前沿课程模块化”的策略，平衡知识体系完整性与技术更新及时性的矛盾。

校企协同育人模式的创新是提升培养质量的关键路径。“产业学院”是深度合作的制度载体，其本质是通过组织创新实现教育资源与产业资源的有机融合。这种融合不应局限于实习基地建设等表层合作，而应深入人才培养方案制订、双师型队伍建设、实训平台共建等核心环节。“订单班”模式需要突破传统“定制培养”的局限，向“联合招生、共同培养、双向选择”的现代学徒制演进，形成校企命运共同体。

实践教学体系的升级是能力培养的重要保障。虚拟仿真技术的应用拓宽了实践教学的时空边界，通过构建数字孪生实训系统，实现高风险、高成本场景的安全训练。项目实战教学则要建立“真实项目—教学过程—能力评价”的闭环机制，通过引入企业真实案例和工程项目，培养学生的职业胜任力。实践教学的效果评价应当引入行业认证标准，建立以能力产出为导向的质量监控体系。

这种人才培养体系的重构本质上是在数字经济背景下对教育供给侧结构性改革，其成功实施不仅能缓解当前的人才供需矛盾，更能为县域数字化转型提供持续的人力资本支持。这一过程需要学校、行业企业和政府部门形成合力，共同构建适应技术变革需求的新型教育治理体系。

（二）企业内训与技能提升

龙头企业是行业标杆，其培训体系建设应当遵循战略性人力资源开发原则，通过构建涵盖管理层、技术骨干和一线员工的分层培养框架，实现数字能力提升的全员覆盖。管理层培训侧重数字化战略思维培养，技术骨干培训聚焦前沿技术应用能力，一线员工培训则突出工具操作技能。这种差异化培养路径的确立需要建立基于岗位胜任力模型的培训需求分析机制，确保培训内容与业务需求精准匹配。龙头企业培训体系的溢出效应可带动产业链上下游企业的能力提升，形成以点带面的辐射格局。

中小企业面临资源约束下的培训困境，需要通过组织创新实现能力共建，行业协会主导的联合培训模式，构建企业间的学习共同体。这种模式通过集中采购培训服务、共享培训资源、统一认证标准等方式，显著降低单个企业的培训成本。具体实施中可建立“行业技术联盟 + 培训中心”的运作机制，将技术研发与人才培养有机结合。重点开发符合中小企业特点的模块化、碎片化培训产品，解决工学矛盾突出的现实问题。

数字化思维培养是培训内容设计的核心维度，这要求突破传统技能培训的局限，通过案例教学、情境模拟等方式，帮助员工建立数据驱动的决策思维和敏捷迭代的创新意识。工具应用能力的提升应遵循“学以致用”原则，采用工作坊、项目制等实践导向的培训方法，确保技能转化效果。培训体系必须与职业发展通道形成制度性衔接，通过建立内部技能认证与职位晋升、薪酬调整的关联机制激发员工持续学习的内生动力。

认证制度的规范化建设是保障培训质量的重要基础，可借鉴先进的数字技能框架，结合县域产业特点，开发本土化的能力标准和评价体系。认证过程应当强调能力本位而非课时积累，采用项目评审、实操考核等多元评价方式。要建立认证结果的跨企业互认机制，促进人才在区域内的合理流动。这种制度创新不仅能够提升培训的权威性，更有助于形成区域统一的人才市场。

（三）政府主导的培训项目与政策支持

专项培训计划的设计需要遵循“精准滴灌”的政策理念。“数字技能提升行动”是典型的政策干预工具，其目标群体选择应建立在严谨的需求评估基础上。基层公务员培训侧重数字治理能力提升，通过政务数字化场景的实战演练，培养其数据思维和平台运营能力；企业管理人员培训聚焦数字化转型战略制定，采用案例研讨、标杆企业考察等方式，提升其技术商业化的领导力；农村实用人才培训突出数字工具应用，通过“田间课堂”等参与式方法，增强其借助数字技术增收致富的实践能力。这种差异化培训策略的成功实施关键在于建立基于岗位胜任力的精细化需求分析机制。

政策支持的可持续性取决于制度设计的系统性，短期的项目化运作必须向长效机制建设转变，这要求将培训政策嵌入区域数字经济发展的整体框架。需要建立培训供给与产业政策的联动机制，使人才培养方向与重点产业发展保持战略协同；构建培训成果与就业服务的衔接渠道，通过技能认证、岗位推荐等方式提升培训转化效率；完善培训效果跟踪评估体系，运用大数据技术实现从“培训投入”到“经济产出”的全过程监测。这种制度整合能够有效避免培训资源的碎片化配置，提升公共政策的综合效益。

示范项目的设计应当体现政策创新的引领价值，通过打造具有地域特色的精品培训工程，形成可复制推广的经验模式。重点探索“培训 + 认证 + 就业 + 服务”的一体化解决方案，如数字乡村带头人培养计划可整合电商运营、直播技能、物流管理等全链条培训内容，配套创业孵化和市场对接服务。这种系统化干预不仅提升了培训的实用性，更构建了人才价值实现的完整生态。示范项目的选择应当充分考虑县域产业特点，避免脱离实际的模式移植。

从治理现代化的角度看，政府培训项目的转型升级需要把握三个关键维度：主体维度上，从政府直接提供向“政府引导＋市场运作＋社会参与”的多元协同转变；内容维度上，从通用技能培训向“基础技能＋产业技能＋创新技能”的体系化培养转变；方式维度上，从集中授课向“线上线下结合、理论实践融合”的混合式教学转变。这种转型不仅能提升培训政策的适应性和有效性，更能为县域数字经济发展培育内生的创新动能。

三、数字化人才的引进与留用

（一）人才引进的政策与激励机制

人才需求目录的编制是政策精准化的基础工程，这一工作不能停留于简单的人才分类统计，而应当建立包括产业需求分析、技能缺口评估、人才流动趋势预测在内的系统性研究框架。通过构建“产业—岗位—能力”三维需求矩阵，实现从宏观产业规划到微观人才标准的贯通式映射。人才需求目录编制需要建立动态更新机制，定期跟踪技术演进和产业转型对人才需求的影响，确保政策响应的及时性。

柔性引才机制的创新是破解县域资源约束的关键突破。传统全职引进模式在县域场景下面临诸多现实障碍，而“候鸟型”专家、“周末工程师”等弹性用工形式则通过重构人才与组织的关系模式，实现了高端智力资源的流动性共享。这种机制创新的核心在于建立项目化、阶段化的合作框架，通过技术攻关、顾问指导等具体载体，将人才价值转化为现实生产力。特别需要强调的是，柔性引才必须配套完善的服务保障体系，包括工作条件准备、本地团队对接等支持措施，确保智力引进的实际成效。

激励机制的设计需要把握“物质激励与精神激励”“短期激励与长期发展”的辩证关系，物质奖励应当建立与人才价值贡献相匹配的差异化标准，避免平均主义导致的激励失效；发展机会的供给则需要构建清晰的职业发展通道，通过重要岗位聘任、科研资源倾斜等方式满足人才的成就需求。还要建立人才价值实现的生态系统，使引进人才能够真正融入地方发展，实现个人价值与区域进步的同频共振。这种综合激励模式的有效性在很大程度上决定了人才政策的可持续性和实际成效。

（二）人才留用的环境与条件优化

职业发展平台的建设是“事业留人”的核心维度，具有竞争力的发展机会不仅体现在岗位设置上，更应构建清晰的能力提升通道和职业进阶路径。重点建立“产学研用”协同的创新平台，通过重点实验室、技术中心等载体为人才提供施展才华的舞台。特别要注重项目赋权和决策参与，让人才在重大工程、重要规划中发挥关键作用，实现自我价值与组织发展的统一。这种事业平台的打造，需要突破传统科层制的约束，构建更加灵活、扁平的组织结构。

生活配套服务的完善构成“待遇留人”的物质基础。住房保障应当建立阶梯式供给体系，涵盖人才公寓、购房补贴、租房优惠等多层次解决方案；教育医疗资源配套需要采取“政企合作”模式，通过设立人才绿色通道、引进优质资源等方式提升服务质量。这些配套措施的设计应当充分考虑不同层次人才的差异化需求，避免政策供给的“一刀切”。更深层次地，生活品质的提升不仅关乎个人福利，更是区域综合竞争力的重要体现。

情感纽带的培育是“情感留人”的深层机制，通过建立常态化的沟通渠道、个性化的关怀机制和丰富的社群活动，增强人才的地域认同感和组织归属感。特别重要的是营造开放包容的创新文化，建立容错纠错机制，宽容探索中的失败，保护创新者的积极性。这种文化氛围的塑造需要领导层的持续示范和制度化的保障，使人才能够获得尊重感、安全感和成就感。从长远来看，情感投入产生的心理契约通常比物质激励具有更持久的留才效果。

三维支撑体系的协同效应决定了留才政策的整体成效，事业平台提供发展空间，待遇保障解决后顾之忧，情感联系强化扎根意愿，三者相互强化、缺一不可。实践中需要建立动态评估机制，定期监测人才满意度与流失率，及时调整政策着力点。留才环境的优化是一个渐进积累的过程，需要政府、企业和社会组织的协同努力，最终形成“近者悦、远者来”的人才发展生态。这种生态一旦形成将产生显著的人才集聚效应，为县域数字化转型提供持续智力支持。

（三）县域人才生态系统的构建

数字创新中心等载体建设体现了创新物理空间的重构价值，这些平台不仅提供硬件设施，更重要的是构建了知识溢出和协同创新的制度环境。通过集成技术研发、企业孵化、成果转化等功能形成创新要素的“密度效应”。平台运营应当避免行政化倾向，采用市场化运作模式，通过提供增值服务实现可持续经营。县域场景下创新载体的定位需要与地方产业特色深度结合，形成差异化的竞争优势。

“产学研用”协同网络的构建打破了创新主体的组织边界，这种网络化创新模式通过建立人才双向流动机制、利益共享机制和风险分担机制，实现了知识生产与应用的无缝衔接。县域层面的协同创新尤其需要注重实用性导向，聚焦产业痛点开展联合攻关。操作层面可采取“产业出题、院校解题、政府助题”的运作模式，确保创新活动与产业需求精准对接。这种开放创新生态的形成，能够显著降低县域企业的技术创新门槛。

人才服务联盟的建立标志着服务模式的转型升级，通过整合政府、市场和社会各类服务资源，构建覆盖人才引进、培养、评价、激励的全链条服务体系。专业化的服务供给不仅体现在服务内容的精细化分工上，更体现在服务标准的规范化和服务流程的标准化。重点发展“互联网 + 人才服务”模式，通过数字化手段提升服务效率和可及性。服务联盟的运作应当建立市场化补偿机制，避免陷入公益性服务的不可持续困境。

人才与产业的良性循环是生态系统成熟的标志，这种循环表现为人才集聚带动产业升级，为产业升级创造更优质的人才发展机会。实现这一目标的关键在于建立人才价值实现的完整闭环，使人才能够清晰地看到在县域发展的成长路径和回报预期。成功的人才生态系统通常具有自我强化特征，即初期的人才政策投入会通过乘数效应产生持续放大的人才吸引力。这种正反馈机制的形成是县域突破人才困境、实现创新驱动发展的根本路径。

第七章　乡村振兴中的金融支持与资本运作

乡村振兴战略是新时代“三农”工作的总抓手，其实现路径需要金融资本与产业资本的高效协同。金融支持乡村振兴的本质是通过制度创新重构农村生产要素的定价与流通机制，进而破解“麦克米伦缺口”在农业农村领域的特殊表现，即经营主体融资需求与金融机构风险规避之间的持续性错配。

本章基于新结构经济学视角系统分析乡村振兴中的金融支持与资本运作机制。通过政策文本量化分析与典型案例研究，解构现行金融支持体系的制度效能及其约束条件；聚焦县域特色产业融资的“不可能三角”——风险控制、成本节约与规模效益难以同时实现的困境，探讨抵押品替代、供应链金融等创新工具的破局路径；引入“政府—市场—社会”三维互动框架（Ostrom，2009），论证社会资本参与乡村振兴的契约设计原则与激励相容机制。通过这三层次的递进分析，旨在为构建具有中国特色的农村金融支持理论提供新的经验证据与范式参考。

第一节　金融支持乡村振兴的政策框架

本节旨在深入探讨金融支持乡村振兴的政策框架，期望通过对金融支持乡村振兴的政策背景、主要内容及实施效果的剖析，揭示金融在乡村振兴中的运作机制、成效与局限，进而为未来的政策优化与实践创新提供有益的参考。梳理金融支持乡村振兴的政策背景，包括乡村振兴战略的金融需求、金融政策的历史演进与现状以及金融支持乡村振兴的具体目标与任务；详细阐述金融支持政策的主要内容，涵盖财政资金与金融资源的协同、农村金融机构的改革与创新，以及金融服务的普惠性与精准性等方面；通过分析政策实施的成功案例、存在的问题与挑战，以及政策优化与调整的方向，全面评估金融支持乡村振兴政策的实施效果，并展望其未来的发展趋势。

一、金融支持乡村振兴的政策背景

（一）乡村振兴战略的金融需求

从农村经济全面发展的角度来看，农村经济涵盖了农业、林业、牧业、渔业等多个领域，这些领域的发展都需要大量的资金投入，金融支持是不可或缺的。特别是在农业现代化、产业升级等方面，金融资源的注入能够推动农业技术的创新与应用，提升农产品的附加值，进而促进农村经济的持续增长。金融服务的完善也能够为农村企业提供更加便捷、高效的融资渠道，助力其实现快速发展。

提高农民收入水平同样离不开金融的支持，农民收入水平的提升是乡村振兴战略的重要目标之一，而金融资源的有效配置和金融服务的高效提供则是实现这一目标的重要手段。通过提供多样化的金融产品和服务，如小额信贷、农业保险等，能够满足农民在生产、生活中的资金需求，降低其经营风险，从而增加其收入来源。

改善农村基础设施和公共服务也需要金融的大力支持，农村基础设施和公共服务的改善是提升农民生活质量、促进农村经济发展的重要保障。这些领域的建设通常需要大量的资金投入，且回报周期较长。所以金融资源的有效配置和金融服务的高效提供对于推动农村基础设施与公共服务的改善具有重要意义。通过引入社会资本、创新融资模式等方式可以吸引更多的金融资源投入农村基础设施和公共服务领域，为乡村振兴战略的深入实施提供有力保障。

（二）金融政策的历史演进与现状

金融政策主要聚焦于城市和工业领域，旨在推动这些领域的快速发展，这一时期虽然农村地区也获得了一定的金融支持，但相较于城市和工业，其支持力度显得相对有限。这主要源于当时国家经济发展的整体战略导向，以及农村地区相对落后的金融基础设施和信用环境。因此，金融资源在城乡之间的分配存在不平衡，农村地区的金融需求难以得到充分满足。

一直以来，国家对“三农”问题的重视使金融政策逐步向农村地区倾斜，这一情形不仅体现在政策层面的明确导向，也体现在具体措施的落实上。政府通过设立专项基金、提供财政贴息等优惠政策，鼓励金融机构加大对农村经济的支持力度，还通过优化农村金融机构布局、提升金融服务质量等方式，改善农村地区的金融环境，为乡村振兴战略的实施提供有力保障。

在政策的推动下，金融机构开始积极探索适合农村地区的金融产品和服务模式，根据农村地区的实际情况，创新推出了小额信贷、农业保险、供应链金融等一系列金融产品，以满足农民在生产、生活中的多样化金融需求。金融机构还通过加强农村地区的金融基础设施建设，如增设 ATM 机、POS 机等自助服务设备，推广移动支付等数字化金融服务，提升农村地区的金融服务便捷性和覆盖面。

目前金融政策已经形成了较为系统的框架，旨在满足乡村振兴多元化的金融需求，这一框架不仅涵盖了财政、金融、产业等多个方面，还注重政策之间的协同配合，以形成政策合力。通过这一框架的构建，金融政策在支持乡村振兴方面发挥了更加全面、深入的作用。乡村振兴战略的深入实施和农村金融市场的不断发展促使金融政策持续优化与完善，为农村经济的持续健康发展提供更加有力的支持。

（三）金融支持乡村振兴的目标与任务

增加农村信贷投放是金融支持乡村振兴的首要任务。农业现代化、产业升级以及农村基础设施建设等关键领域均需要大量的资金投入，所以金融机构需通过创新信贷产品和服务模式，拓宽信贷资金来源，增加对农村地区的信贷投放，以满足农业现代化进程中设备更新、技术升级、产业链延伸等方面的资金需求。对于具有发展潜力的小微企业和农户，金融机构应提供更为灵活便捷的融资方案，助力其实现快速发展，进而推动农村经济的整体提升。

优化农村金融服务网络是提高金融服务便捷性和覆盖面的关键举措。农村经济的快速发展和农民金融需求的日益多样化，构建一个覆盖广泛、服务高效的农村金融服务网络显得尤为重要。这要求金融机构不仅要在物理网点布局上进行优化，增设自助服务设施，还要充分利用数字技术，推广移动支付、在线贷款等数字化金融服务，打破地域限制，让农民能够随时随地享受到便捷、安全的金融服务。

推动农村金融机构改革与创新是提升服务质量和效率的重要途径。面对农村金融市场的新变化和新挑战，农村金融机构需不断深化改革，创新经营机制，提升风险管理能力。通过引入先进的管理理念和技术手段，优化业务流程，提高服务效率，降低运营成本，为农民提供更加优质、高效的金融服务，鼓励金融机构开发适合农村特点的金融产品和服务，如农产品期货、农业保险等，以满足农民多样化的金融需求。

加强金融教育与培训，提高农民的金融素养和风险意识是金融支持乡村振兴不可或缺的一环。金融知识的普及和金融技能的提升有助于农民更好地理解和利用金融工具，提高资金使用的效率和安全性。金融机构应联合政府部门、社会组织等力量，开展形式多样的金融教育和培训活动，帮助农民掌握基本的金融知识，增强风险识别能力，提高自我保护意识。这不仅有助于提升农民的金融福祉，还能促进农村金融市场的健康发展。

二、金融支持政策的主要内容

（一）财政资金与金融资源的协同

政府通过设立专项基金、提供财政贴息等财政政策，为金融资源向农村地区倾斜创造了有利条件。专项基金的建立旨在针对农村经济发展的特定领域和薄弱环节，如农业现代化、农村基础设施建设、小微企业扶持等，提供定向的资金支持。财政贴息政策通过降低融资成本，激励金融机构增加对农村地区的信贷投放，特别是对那些风险较高但社会效益显著的农业项目给予重点支持。这些财政措施不仅直接增加了农村地区的金融资源供给，还通过信号效应引导更多社会资本参与乡村振兴。

在此基础上政府进一步鼓励金融机构创新金融产品和服务模式，以适应农村地区的多元化金融需求，这包括开发适合农村特点的小额信贷、农业保险、供应链金融等产品，以及利用数字技术提升金融服务的便捷性和覆盖面。金融机构的创新实践不仅丰富了农村金融市场的供给，也提高了金融服务的针对性和有效性，为农民和农村企业提供了更加贴近需求的金融支持。

政策性金融机构之间建立了紧密的合作机制，共同推动农村经济的发展。这种合作不仅体现在政策层面的沟通与协调，还包括项目筛选、风险管理、绩效评价等多个环节的合作。通过信息共享、资源互补和优势互补，政策性金融机构形成了合力，有效提升了金融支持乡村振兴的整体效能。这种协同机制不仅促进了金融资源的优化配置，也为乡村振兴战略的深入实施奠定了坚实的基础。

（二）农村金融机构的改革与创新

农村金融机构是金融支持乡村振兴的关键力量，其改革与创新对于提升服务质量、满足农村地区多元化金融需求具有重要意义。面对乡村振兴战略的深入实施，农村金融机构必须积极应对挑战，通过优化机构布局、提升服务质量、创新金融产品和服务模式等多维度改革为农村经济社会发展注入新的活力。

优化机构布局是农村金融机构改革的基础，鉴于农村地区地域广阔、人口分散的特点，农村金融机构需合理调整网点设置，确保金融服务能够覆盖到更广泛的农村地区。这包括在人口密集、经济活动频繁的地区增设服务网点，以及在偏远地区利用移动服务车、自助服务终端等设施提供便捷的金融服务。通过优化机构布局农村金融机构能够更有效地触达农村客户，满足其基本的金融需求。

提升服务质量是农村金融机构改革的重点，这要求农村金融机构不仅要关注服务硬件的完善，更要注重服务软件的提升，加强员工培训，提升员工的专业素养和服务意识；优化业务流程，减少客户等待时间，提高服务效率；建立有效的客户反馈机制，及时解决客户在金融服务过程中遇到的问题。通过提升服务质量农村金融机构能够增强客户的满意度和忠诚度，为农村地区的金融稳定和发展奠定坚实的基础。

创新金融产品和服务模式是农村金融机构改革的亮点。面对农村地区多元化的金融需求，农村金融机构需要不断探索和创新适合农村特点的金融产品和服务，开发针对农户的小额信贷产品，满足其生产经营和日常生活的资金需求；推出农业保险产品，为农业生产提供风险保障；利用数字技术，推广移动支付和数字化金融服务，提高金融服务的便捷性和覆盖面。通过创新金融产品和服务模式，农村金融机构能够更好地适应农村经济的发展趋势，满足农民的金融需求，推动农村经济的转型升级。

农村金融机构的改革与创新还需要注重风险管理和内部控制的完善。金融市场的不断开放和竞争的加剧令农村金融机构面临着更加复杂的风险挑战，所以加强风险管理和内部控制，建立健全风险防控体系是农村金融机构稳健发展的重要保障。这包括完善信贷审批流程，加强信贷风险管理；提升信息科技水平，防范网络安全风险；加强内部控制和合规管理，确保各项业务合规开展。通过加强风险管理和内部控制农村金融机构能够确保改革与创新的稳健推进，为乡村振兴战略的深入实施提供有力支持。

（三）金融服务的普惠性与精准性

普惠性金融服务是乡村振兴战略的基石之一，它要求金融机构打破地域、身份等限制，将金融服务延伸至每一个农村地区，确保所有农民都能享受到金融发展的成果。这要求金融机构不仅要在物理网点布局上实现广泛覆盖，更要通过数字技术、移动金融等手段，拓宽金融服务的渠道和方式，使金融服务更加便捷、高效。普惠性还体现在金融服务的价格合理性上。金融机构应通过优化成本结构、提高运营效率等方式，降低金融服务的成本，使农民能够以可承受的价格获得金融服务。通过普惠性金融服务的推广，农村地区能够更有效地融入现代金融体系，享受到金融发展带来的便利与机遇，为乡村振兴战略的深入实施奠定坚实的基础。

精准性金融服务是乡村振兴战略的深化与细化，它要求金融机构在广泛覆盖的基础上，进一步深入农村地区，了解农民的真实需求，提供定制化的金融解决方案。这要求金融机构要关注农业特色产业、小微企业等不同群体的金融需求差异，根据这些差异设计专属的金融产品和服务，针对农业特色产业金融机构可以开发农业供应链金融产品，为上下游企业提供全方位的金融支持；针对小微企业金融机构可以提供更加灵活便捷的融资方案，助力其实现快速发展。通过提供精准性金融服务，金融机构能够更有效地对接农村地区的实际需求，满足农民在生产、生活中的多样化金融需求，推动农村经济的转型升级和可持续发展。

普惠性与精准性的有机结合不仅提升了金融服务的覆盖面和满意度，更促进了农村金融体系的完善与发展。金融机构在推广普惠性金融服务的同时，通过深入了解农村地区的实际需求不断优化金融产品和服务，实现了金融服务的精准对接。这种有机结合既满足了农民的基本金融需求，又推动了农村经济的多元化发展，为乡村振兴战略的深入实施提供了有力的金融支撑。金融科技的不断发展促使金融机构继续深化普惠性与精准性的实践探索，为乡村振兴战略的全面推进贡献更多力量。

三、金融支持政策的实施效果

（一）政策实施的成功案例

以农业产业投资基金的设立为例，某些地区通过政府引导、社会资本参与的方式，成功设立了专注于农业领域的投资基金。这些基金不仅为农业现代化和产业升级提供了有力的资金支持，还通过市场化运作机制，引导社会资本向农业领域倾斜，促进了农业产业链上下游的协同发展。在基金的支持下，一批具有竞争力的农业企业迅速崛起，不仅带动了当地农业产业的升级换代，还促进了农民就业增收，为乡村振兴战略的深入实施奠定了坚实的基础。

金融机构在创新金融产品和服务模式方面也取得了显著成效。针对农村地区融资供应链问题，一些金融机构积极探索并推出了农村产权抵押贷款、供应链金融等新型金融产品和服务。农村产权抵押贷款通过盘活农村闲置资产，为农民提供了有效的融资途径；而供应链金融则通过整合供应链上下游资源，为农业产业链上的企业提供了全方位的金融支持。这些创新金融产品和服务不仅解决了农村地区的融资难题，还促进了农业产业链的优化升级，为农村经济的多元化发展注入了新的活力。

加强金融教育与培训也是金融支持乡村振兴的重要一环。一些地区通过政府主导、金融机构参与的方式，积极开展金融知识普及和技能培训活动，提高了农民的金融素养和风险意识。这些活动不仅帮助农民了解了基本的金融知识和金融工具，还增强了他们识别和防范金融风险的能力。通过金融教育与培训，农民能够更加理性地参与金融市场活动，为自身的生产和生活提供更加稳健的金融支持。

（二）政策执行中的问题与挑战

农村金融机构服务覆盖面有限是一个不容忽视的问题。由于农村地区地理位置偏远、经济基础薄弱以及人口分散等特点，使得金融机构在设立服务网点、提供金融服务时面临诸多困难。尤其是在一些偏远山区，农民难以享受到便捷的金融服务。这不仅限制了农民的资金流动和使用效率，也影响了农村经济的发展和乡村振兴的进程。所以如何扩大农村金融机构的服务覆盖面，成了一个亟待解决的问题。

金融产品和服务创新不足也是金融支持乡村振兴政策执行中的一大挑战。农村经济的多元化发展和农民需求的多样化，使传统的金融产品和服务已难以满足农民的实际需求。由于金融机构对农村市场的了解不足、创新动力不足以及风险防控机制不完善等，导致金融产品和服务创新进展缓慢。这不仅影响了农民对金融服务的满意度和信任度，也制约了金融支持政策在农村地区的深入实施。所以加强金融产品和服务创新，满足农民的多元化需求，成了金融支持乡村振兴政策的重要方向。

农村地区信用体系建设滞后也是制约金融支持政策深入实施的关键因素之一。信用体系是金融市场运行的基础和保障，对于降低交易成本、提高市场效率具有重要作用。由于农村地区信用环境复杂、信用信息分散以及信用监管机制不完善等，导致农村地区信用体系建设相对滞后。这不仅增加了金融机构在农村地区开展业务的成本和风险，也影响了农民对金融服务的接受度和使用率。所以加强农村地区信用体系建设，提高农民的信用意识和信用水平，对于推动金融支持乡村振兴政策的深入实施具有重要意义。

（三）政策优化与调整的方向

金融支持乡村振兴政策的实施过程中，面对既存的问题与挑战，未来政策的优化与调整显得尤为重要，首要方向在于进一步拓宽农村金融机构的服务覆盖面，以提升金融服务的便捷性。当前部分偏远农村地区金融服务仍显不足，这不仅限制了农民的资金流动，也阻碍了农村经济的整体发展。所以政策制定者需采取积极措施，如鼓励金融机构在偏远地区增设服务网点、利用现代科技手段（如移动支付、互联网金融）扩大服务范围等，以确保金融服务能够惠及更多农民，为乡村振兴提供坚实的金融支撑。

加强金融产品和服务创新，以满足农村地区的多元化需求是政策优化与调整的又一关键方向。农村经济的多元化发展使农民对金融服务的需求也日益多样化，传统的金融产品和服务已难以满足农民的实际需求，所以政策制定者应鼓励金融机构加大创新力度，推出更多符合农村特点、贴近农民需求的金融产品和服务。这不仅可以提高农民对金融服务的满意度和信任度，也有助于激发农村经济的活力，推动乡村振兴的深入发展。

完善农村地区信用体系建设，提高农民的信用意识和风险承受能力，是金融支持乡村振兴政策优化与调整的重要一环。信用体系是金融市场运行的基础，对于降低交易成本、提高市场效率具有重要作用。农村地区信用体系建设相对滞后，影响了金融支持政策的深入实施。所以政策制定者应加强对农村地区信用体系建设的支持和引导，通过建立健全信用信息收集和评估机制、加强信用教育和宣传等措施，提高农民的信用意识和风险承受能力，为金融支持乡村振兴创造更加良好的信用环境。

加强政策宣传和培训力度，提高农民对金融支持政策的认知度和参与度，也是政策优化与调整不可忽视的方向。当前部分农民对金融支持政策了解不足，参与度不高，这在一定程度上制约了政策的实施效果。所以政策制定者应加大对金融支持政策的宣传力度，通过多渠道、多形式向农民普及政策内容和精神实质；加强对农民的政策培训，提高他们的政策理解能力和实际操作能力。这不仅可以增强农民对金融支持政策的理解，也有助于推动政策的深入实施和取得更大成效。

第二节　县域特色产业的融资模式创新

本节深入分析县域特色产业的融资需求和主要面临的问题，详细阐述传统融资模式的创新与突破，以及新型融资模式为县域特色产业带来的发展机遇与挑战，以期为政策制定者提供理论与实证参考。

一、县域特色产业的融资需求

（一）特色产业的资金需求特点

县域特色产业多与农业紧密相连，农产品的生产和销售存在显著的季节性。以水果种植为例，从果树的种植、养护到果实成熟采摘，需要大量资金投入，而销售回款却集中在收获季。这种季节性特点导致产业资金需求在不同时段差异巨大，对金融机构的资金安排和信贷管理提出了较高要求。金融支持需灵活调整信贷投放节奏，匹配产业的季节性资金需求，避免出现资金错配。

特色产业从基础设施建设、生产设备购置到品牌培育，需要大量的长期资金投入。以茶叶产业为例，建设茶叶种植基地、加工厂，引进先进设备，构建茶叶品牌，这些都需要长期稳定的资金支持；日常生产经营，如原材料采购、支付工人工资等，又产生了短期资金需求。这种长期与短期资金需求交织的局面，要求金融机构提供多元化的金融产品和服务，满足特色产业全生命周期的资金需求。

县域特色产业涵盖范围广，从个体农户的小规模经营到大型农业企业的产业化运作，规模大小不一，导致资金需求差异显著。小型农户从事特色农产品种植，资金需求仅数万元；而大型农业企业开展农产品深加工、拓展销售网络，资金需求可达数百万元甚至上千万元。这种资金规模的分层现象，决定了融资模式需具有包容性，既能满足小微企业和农户的小额资金需求，又能支持大型企业的规模化发展。

特色产业受自然、市场等多重风险影响，且风险状况与资金需求密切相关。在自然风险方面，自然灾害有时导致农产品减产绝收，增加农户和企业的资金缺口；在市场风险方面，价格波动会影响销售收益，导致资金回笼困难。这种风险与资金需求的强关联性，要求金融机构在设计融资方案时充分考虑风险因素，合理定价，并通过保险等金融工具分散风险。

县域特色产业的资金需求呈现出季节性、长期性与短期性并存、规模差异化以及高风险关联性等特点。深入理解这些特点，是创新县域特色产业融资模式，实现乡村振兴中金融支持与资本运作有效突破的关键。只有精准对接特色产业的资金需求，才能为乡村振兴注入源源不断的动力。①

（二）融资问题

县域特色产业在推动地方经济增长和乡村振兴中扮演着非常重要的角色，其发展过程中的融资问题始终如影随形，成为制约其进一步发展的瓶颈。这一问题的根源在于县域特色产业自身的规模与盈利能力限制。相较于大型企业或成熟产业，县域特色产业通常规模较小，盈利能力有限，这使它们难以满足传统金融机构的贷款条件。金融机构出于风险控制的需要，通常会多方面考察企业以提供贷款，从而加剧了县域特色产业融资难。

除产业自身因素外，县域金融市场发育不完善也是导致融资问题的重要原因之一。在县域层面，金融市场的发展相对滞后，金融机构种类单一，服务覆盖面有限，导致县域特色产业在寻求融资时缺乏多样化的选择。如果县域金融市场存在信息不对称问题，金融机构对县域特色产业的了解不足，将会进一步加剧融资难度。县域金融市场的竞争不充分，会使金融机构在提供贷款时缺乏足够的动力去降低利率或提供更为灵活的融资方案，从而导致融资成本较高。

县域特色产业在融资过程中还常常面临缺乏有效的抵押物或担保措施的困境。由于县域特色产业大多以农业、林业、畜牧业等第一产业为主，这些产业通常缺乏可供抵押的固定资产，如土地、房产等。由于县域特色产业的经营风险和市场风险相对较高，较难得到传统担保机构的担保服务。这导致县域特色产业在申请贷款时难以提供足够的抵押物或担保措施，进一步增加了融资的难度和成本。所以解决县域特色产业融资问题，需要从完善金融市场体系、创新金融产品与服务、加强风险防控等多个方面入手，为县域特色产业的发展提供有力的金融支持。

（三）融资需求与金融供给的匹配

金融机构需要深入调研县域特色产业的资金需求特点，包括资金需求的规模、期限、用途以及风险特征等。通过全面了解特色产业的生产周期、市场前景、盈利能力等因素，金融机构可以更加准确地把握特色产业的融资需求，从而为其提供更加贴合实际的金融产品和服务。这一过程要求金融机构加强与特色产业的沟通交流，建立长期稳定的合作关系，共同探索适应特色产业特点的融资模式。

在深入了解特色产业资金需求特点的基础上，金融机构应不断创新金融产品和服务，以满足特色产业的多样化融资需求，可以针对特色产业的季节性资金需求，设计灵活的贷

① 黎斌．乡村振兴战略实施与县域特色金融发展研究 [J]. 现代金融导刊，2022（5）：24–27.

款期限和还款方式；针对特色产业缺乏有效抵押物的问题，探索信用贷款、供应链金融等新型融资模式；可以利用金融科技手段，提高金融服务的便捷性和效率，降低融资成本。通过创新金融产品和服务，金融机构可以更加有效地支持特色产业的发展，实现金融供给与融资需求的精准匹配。

政府在实现融资需求与金融供给匹配过程中发挥着不可替代的作用。政府应加强对县域特色产业的政策引导和支持，通过制定优惠政策、提供财政补贴、完善金融基础设施等方式降低特色产业的融资成本，提高其融资能力。政府还应加强金融监管，规范金融市场秩序，为特色产业提供良好的融资环境。政府还可以搭建金融服务平台，促进金融机构与特色产业之间的信息交流与合作，推动金融资源向特色产业倾斜。

完善金融基础设施是实现融资需求与金融供给匹配的重要保障，这包括加强金融基础设施建设，如提升金融机构的服务能力、完善金融支付体系、推动金融数据共享等。通过完善金融基础设施可以拓宽特色产业的融资渠道，降低融资成本，提高融资效率，还可以促进金融市场的健康发展，为特色产业提供更加稳定、可持续的金融支持。

二、传统融资模式的创新与突破

（一）银行信贷产品的创新

县域特色产业通常具有鲜明的地域特色和行业特征，其资金需求也呈现出多样化的特点，所以银行机构在创新信贷产品时，应充分考虑特色产业的行业特性、生产周期、市场前景等因素，设计出符合其实际需求的贷款产品。针对农业产业链中的上下游企业，可以推出农业产业链贷款，通过整合产业链上下游的融资需求，实现产业链整体融资成本的降低和融资效率的提升。对于小微企业，可以设计更加灵活便捷的小微企业贷款产品，以满足其短期、高频、小额的融资需求。

除了创新信贷产品外，银行机构还应通过优化贷款审批流程，提高特色产业的融资效率。传统贷款审批流程通常烦琐复杂，耗时长，难以满足特色产业快速变化的融资需求。因此，银行机构应简化审批环节，缩短审批周期，提高审批效率，还可以利用金融科技手段，如大数据分析、人工智能等，对特色产业的信用状况进行精准评估，从而降低贷款审批的风险和成本。

在创新信贷产品和优化贷款审批流程的基础上，银行机构还应通过降低贷款利率等措施，进一步减轻特色产业的融资负担。降低贷款利率不仅可以提高特色产业的融资可获得性，还可以降低其融资成本，增强其市场竞争力。银行机构可以加强与政府部门的合作，争取政策支持和财政补贴，以降低贷款利率，还可以通过提高贷款的风险管理能力，降低贷款损失率，从而为降低贷款利率提供空间。

（二）政策性金融的支持作用

政策性金融机构不以营利为主要目的，而是以贯彻国家产业政策和区域发展战略为导向。县域特色产业发展初期由于产业规模较小、市场前景不明朗，商业性金融通常持观望态度。政策性金融通过提供优惠贷款、财政贴息等方式，引导资金流向特色产业，为产业发展注入“第一桶金”，如国家开发银行对农村基础设施建设项目的长期低息贷款，改善了县域特色产业的生产和流通条件，降低了产业发展成本，吸引了更多社会资本的关注和投入，有效弥补了市场机制在资源配置中的失灵问题。

县域特色产业中的小微企业和农户，由于自身抗风险能力较弱，在融资过程中通常面临较高的融资成本。政策性金融机构依托国家信用，能够以较低的成本获取资金，并通过多种方式降低特色产业的融资成本：直接提供低利率贷款，减轻企业和农户的利息负担；通过与商业性金融机构合作开展转贷款业务，扩大对县域特色产业的信贷投放规模。政策性金融机构还可运用担保、再担保等方式，增强企业和农户的信用水平，降低商业性金融机构的信贷风险，从而进一步降低融资成本，缓解县域特色产业的融资难题。

市场竞争的加剧使县域特色产业迫切需要进行产业升级，以提高产品附加值和市场竞争力。政策性金融机构通过提供专项贷款、产业投资基金等方式，支持特色产业的技术创新、设备更新和品牌建设，农业发展银行对农产品深加工项目的支持，推动了县域特色农产品从初级加工向精深加工转变，延长了产业链条，提升了产业附加值。政策性金融机构还积极引导企业开展绿色生产、标准化生产，促进特色产业可持续发展，增强产业发展的后劲。

县域特色产业受自然、市场等多种因素影响，经营风险较高，这在一定程度上制约了商业性金融机构的信贷投放意愿。政策性金融机构通过开展农业保险、信用保险等业务，对县域特色产业的风险进行有效分散和转移。当产业面临自然灾害或市场波动时，保险赔付能够帮助企业和农户减少损失，维持正常的生产经营活动，降低金融机构的信贷风险。政策性金融机构可与地方政府合作建立风险补偿基金，对商业性金融机构的信贷损失进行一定比例的补偿，进一步增强金融机构支持县域特色产业发展的信心，维护农村金融市场的稳定。

政策性金融是乡村振兴金融支持体系的重要组成部分，在引导资金流向、降低融资成本、促进产业升级和分散金融风险等方面发挥着不可替代的作用。为充分发挥政策性金融的支持作用，需要进一步完善相关政策体系，加强与商业性金融、合作性金融的协同配合，共同为县域特色产业的发展提供全方位、多层次的金融服务。①

（三）担保与保险机制的完善

县域特色产业的融资过程中，担保机制的完善是降低风险、增强金融机构信心的重要

① 田惠敏，张欣桐，王阳．乡村振兴战略背景下乡村产业发展融资机制改革研究[J]．经济研究参考，2022（4）：42-54.

举措。政府是政策制定者和引导者，可以通过设立专门的担保机构或基金，为特色产业提供强有力的担保服务。这些担保机构或基金不仅能够为特色产业提供必要的信用支持，还能够有效降低金融机构在贷款过程中的风险感知，从而激发金融机构对县域特色产业的投资热情。担保机制的完善还能促进县域特色产业的健康发展，通过资金的有效注入推动产业升级和技术创新，形成良性循环。

保险机制是风险管理的另一种有效手段，在县域特色产业融资中同样发挥着不可替代的作用。为了应对特色产业会面临的各种风险，保险公司应积极响应市场需求，开发适合县域特色产业的保险产品，针对农业领域可以推出涵盖自然灾害、病虫害等风险的农业保险；针对小微企业则可以设计包含经营风险、市场风险等在内的综合保险产品。这些保险产品不仅能够为特色产业提供全面的风险保障，还能通过融资增信的方式进一步提升特色产业的融资能力。保险机制的完善还能促进保险市场的多元化发展，为县域经济注入新的活力。

三、新型融资模式的探索与实践

（一）供应链金融与产业链融资

在金融市场日益复杂多变的背景下，供应链金融与产业链融资是两种新兴且高效的融资模式，逐渐受到广泛关注。这两种模式的核心在于，它们不仅仅关注单一企业的财务状况，而是将视角扩展至整个供应链或产业链，通过整合上下游企业的信息流、物流和资金流实现资源的优化配置和风险的合理分散。供应链金融强调以供应链中的核心企业为中心，通过对其上下游企业的信用评估和融资支持促进整个供应链的协同发展。而产业链融资则更注重从产业链的整体角度出发，通过对产业链上各环节企业的融资需求进行精准把握，实现产业链上下游企业的资金无缝对接。

对于县域特色产业而言，供应链金融与产业链融资模式的引入，无疑为其带来了新的发展机遇。县域特色产业通常具有地域特色鲜明、产业链上下游企业联系紧密等特点，这为供应链金融与产业链融资的应用提供了良好的土壤。通过构建农产品供应链金融平台等具体措施可以为农产品加工企业提供及时、有效的融资支持，解决其资金短缺问题，促进农产品的销售和流通，提升整个产业链的竞争力。供应链金融与产业链融资的应用还有助于加强县域特色产业上下游企业之间的合作与协同，推动产业链上下游企业的共同发展形成互利共赢的良好局面。

（二）农村产权抵押融资

从农民权益保障的角度来看，农村产权抵押融资模式的推广需要政府完善相关法律法规和政策措施。这包括明确农村产权的界定、登记、流转等程序，确保农民在抵押产权时能够享有充分的法律保障。政府应建立健全的产权评估机制，确保抵押物的价值得到合理评估，从而保障农民的合法权益不受侵害。通过这些措施的实施可以为农村产权抵押融资的顺利开展奠定坚实的法律基础。

从特色产业融资的角度来看，农村产权抵押融资模式为县域特色产业提供了更为多样化的资金来源。以往由于县域特色产业通常规模较小、信用记录不完善，难以获得传统金融机构的贷款支持。而农村产权抵押融资模式的引入，使农民可以凭借其拥有的农村产权当作抵押物，获得更为灵活、便捷的融资途径。这不仅有助于缓解县域特色产业的资金短缺问题，还能促进特色产业的快速发展，提升县域经济的整体竞争力。

农村产权抵押融资模式的推广还须关注潜在的风险和挑战，包括防范农民因无法偿还贷款而失去土地和宅基地的风险，确保金融机构在处置抵押物时能够遵循公平、公正的原则等。所以政府应加强对农村产权抵押融资市场的监管和引导，建立健全的风险防控机制，确保这一新型融资模式能够健康、稳定地发展。金融机构也应提升自身的风险管理能力，加强对农民的信用评估和贷后管理，以确保贷款资金的安全性和有效性。

（三）数字金融的应用

大数据与人工智能技术的应用为县域特色产业的信用评估和风险管理提供了新的手段，传统金融机构在评估贷款申请人信用时，通常依赖于有限的财务报表和历史数据。而大数据技术能够整合并分析海量的互联网行为数据、交易数据等，为信用评估提供更为全面、准确的信息基础。人工智能算法则能够自动识别并预测潜在的风险点，提高风险管理的精确度和效率。这些技术的应用不仅有助于降低融资成本，提高融资成功率，也为特色产业提供了更为个性化的金融服务。

移动支付和数字货币等新型支付方式的推广进一步提升了县域特色产业的资金流动性和使用效率。移动支付使交易过程更加便捷，减少了现金流通带来的不便和安全隐患。数字货币则以其去中心化、匿名性等特点，为特色产业提供了更为灵活的资金转移和结算方式。这些支付方式的创新不仅提高了资金流转速度，还促进了县域特色产业的数字化转型，提升了其市场竞争力。

数字金融在县域特色产业中的应用也面临着一定的挑战：县域地区数字基础设施建设相对滞后，影响了新型金融工具的普及和应用；网络安全、数据隐私保护等问题也是不可忽视的风险点。所以政府应加大对县域数字基础设施的投资力度，推动网络安全和数据隐私保护法律法规的完善，为数字金融在县域特色产业中的应用创造良好的外部环境。

第三节 社会资本参与乡村振兴的路径

乡村振兴不仅关乎农业、农村、农民的全面发展，更是实现社会经济均衡与可持续发展的内在要求。面对乡村发展面临的资金短缺、人才流失、产业单一等挑战，社会资本是一股不可忽视的力量，正逐步展现出其在乡村振兴中的独特价值与潜力。社会资本以其丰富的资源、灵活的市场机制及与政府资金的协同作用，为乡村注入了新的活力与希望，成为推动乡村振兴的重要驱动力。本节旨在深入探讨社会资本参与乡村振兴的深远意义、主要模式及其保障机制，以期为政策制定者、投资者及社会各界提供一个全面而深入的理解框架。从社会资本的资源整合能力、市场化运作优势及其与政府资金的协同效应三个方面，阐述社会资本参与乡村振兴的核心价值；通过解析产业投资基金与股权融资、企业社会责任与公益投资等具体模式，揭示社会资本在乡村振兴中的实践路径与成功案例。本节将聚焦于构建社会资本参与的保障机制，包括政策支持、风险分担、利益共享以及监管评估等方面，以期为社会资本的有效参与提供理论支撑与实践指导。

一、社会资本参与乡村振兴的意义

（一）社会资本的资源整合能力

乡村拥有丰富的自然资源，如独特的地貌、优美的生态环境、特色农产品等。受限于信息不对称与开发能力不足，这些资源难以转化为经济优势。社会资本能够精准识别市场需求，将乡村自然资源与市场需求对接，通过投资、运营等方式打造具有竞争力的特色产业。以特色农产品产业为例，社会资本不仅可以投资建设现代化种植、养殖基地，提升农产品品质，还能整合加工、销售渠道，打造全产业链条。一些大型农业企业通过建设农产品加工厂，将初级农产品加工成高附加值的商品，并利用电商平台、连锁超市等渠道，将农产品推向全国乃至全球市场，有效提升了农产品的市场价值，带动了乡村经济发展。

人才与技术的匮乏是乡村产业发展的重要障碍，社会资本凭借其在城市和市场中积累的人脉与资源，吸引各类人才和先进技术流向乡村。在人才引入方面，企业通过高薪聘请、项目合作等方式，吸引农业专家、技术人才、管理人才投身乡村建设为乡村产业发展提供智力支持；在技术应用方面，社会资本积极引入先进的农业生产技术、信息技术和管理经验，推动乡村产业转型升级，利用大数据、物联网技术实现农业生产的精准化管理，引入智能化设备，提高农产品加工效率，提升乡村产业的科技含量和市场竞争力。

乡村振兴需要大量的资金投入，仅靠政府财政支持远远不够，社会资本可以通过多种方式整合分散的资金，形成乡村建设的合力。大型企业可以通过直接投资、设立产业基金等方式，为乡村项目提供大规模的资金支持；社会资本能够吸引民间闲散资金参与乡村建设，拓宽乡村融资渠道，让普通民众也能参与到乡村产业投资中，既解决了乡村项目的资金短缺问题，又为投资者提供了新的投资渠道。

乡村拥有丰富的历史文化和民俗资源，是发展乡村旅游的重要基础，社会资本能够整合这些文化与旅游资源，打造具有地域特色和文化内涵的乡村旅游产品。通过修复古村落、开发民俗文化活动、建设乡村旅游景区等方式将乡村的文化魅力转化为旅游吸引力，推动乡村文旅产业融合发展。这不仅为游客提供了独特的旅游体验，也促进了乡村文化的传承与发展，带动了当地居民就业增收。

社会资本的资源整合能力为乡村振兴注入了强大动力，通过整合各类资源社会资本推动乡村产业发展、提升乡村建设水平，实现乡村经济、社会与文化的协同发展，为乡村振兴战略的实施提供了有力支撑。

（二）社会资本的市场化运作优势

社会资本基于市场机制能够根据乡村的资源禀赋与市场需求，对资金、技术、人力等要素进行精准配置，在产业规划阶段运用市场调研与数据分析，深入挖掘乡村特色资源，将资源向优势产业倾斜。以特色水果种植为例，社会资本不仅在种植环节投入先进的灌溉与栽培技术，保障水果品质，还通过搭建冷链物流与电商平台，减少农产品损耗，拓宽销售渠道，极大地提升了产业效益。社会资本的市场化运作避免了资源错配，让有限的资源创造出更大的经济价值。

社会资本拥有丰富的商业创新经验，能够结合乡村实际，探索出多样化的商业模式。例如，“公司 + 合作社 + 农户”模式，公司负责市场开拓与产品研发，合作社组织农户生产，保障农产品质量与供应稳定，农户通过土地入股与劳动获得收益，实现三方共赢。共享农庄、乡村文创等新兴业态不断涌现，通过整合乡村闲置资源打造出极具吸引力的消费场景，激发乡村经济的内生动力，吸引更多游客与消费者，为乡村发展开辟新的路径。

市场环境瞬息万变，社会资本的市场化运作使其具备快速响应市场的能力。当市场需求发生变化时，社会资本能够迅速调整产业策略，优化产品结构。例如，在乡村旅游领域，当消费者对健康养生旅游的需求增加时，社会资本及时打造康养度假乡村项目，配套健康体检、中医理疗等服务，满足市场新需求。这种灵活应变的能力有效降低了乡村产业的市场风险，增强了产业韧性，保障乡村经济的持续稳定发展。

社会资本的进入为乡村治理引入了竞争机制。不同社会资本主体在参与乡村建设过程中，为获取资源与市场份额，不断提升服务质量与管理水平，这促使乡村治理主体反思并改进治理方式，借鉴先进的管理经验，优化治理流程，提高治理效率。社会资本参与乡村基础设施建设与公共服务供给，提升公共服务质量的同时减轻了政府的财政负担，推动乡村治理从单一政府主导模式向多元共治模式转变。

社会资本的市场化运作优势在乡村振兴进程中发挥着不可替代的作用，从资源配置到商业模式创新，从市场响应到乡村治理升级，社会资本全方位赋能乡村振兴。为更好发挥其优势，政府应持续优化营商环境，引导社会资本有序参与乡村振兴，实现乡村经济繁荣与社会进步的美好愿景 。

（三）社会资本与政府资金的协同效应

政府资金在乡村振兴中起到引导和示范作用，但财政资源有限，难以满足乡村振兴巨大的资金需求。社会资本的参与能极大地拓宽乡村振兴的融资渠道。政府通过设立乡村振兴产业基金项目等，以少量的财政资金吸引大量社会资本进入乡村领域，如一些农村污水处理项目中政府投入部分启动资金，社会资本负责项目的投资、建设与运营，既减轻了政府的财政压力，又保障了项目的顺利实施。这种合作模式充分发挥了政府资金的杠杆效应，吸引更多金融机构和社会投资者参与乡村振兴，形成多元化的融资格局，保障乡村振兴有持续稳定的资金支持。

政府资金通常用于支持农业科技创新、农村产业园区建设等基础性和战略性项目，为乡村产业发展奠定基础。社会资本具有敏锐的市场洞察力和高效的运营管理能力，能够围绕政府的产业规划，投资发展特色农业、农产品加工、乡村旅游等产业项目，推动乡村产业多元化发展。例如，政府通过资金扶持建设农产品冷链物流基础设施，社会资本投资建立冷链物流运营企业，提高物流效率，降低农产品损耗，延长产业链条，提升农产品附加值，共同推动乡村产业发展，激发乡村经济活力。

乡村基础设施和公共服务建设方面，社会资本与政府资金的协同能显著提升服务质量与效率。政府资金主要用于农村道路、水电、教育、医疗等基本公共服务的兜底保障，社会资本则凭借其专业优势和创新能力，参与项目的设计、建设与运营。以乡村教育为例，政府提供土地和部分建设资金，社会资本投资建设现代化的学校，并引入先进的教育理念和教学资源，改善农村教育条件，提升教育质量。这种协同合作不仅解决了乡村基础设施和公共服务供给不足的问题，还提升了乡村居民的生活品质。

社会资本参与乡村振兴，推动政府从乡村建设的直接提供者转变为规则制定者和监管者，有助于优化乡村治理结构。政府通过制定政策和规范，引导社会资本有序参与乡村建设，社会资本在参与过程中将市场机制和先进的管理理念引入乡村治理。农村环境整治项目中政府制定环境标准和考核机制，社会资本负责项目的实施和运营，通过市场化手段提高环境整治的效率和效果促进乡村的可持续发展。

社会资本与政府资金的协同效应，在乡村振兴的多个关键领域发挥着积极作用，通过两者的有机结合，能够形成强大的合力，推动乡村振兴战略的顺利实施，实现乡村的繁荣发展。①

二、社会资本参与的主要模式

（一）产业投资基金与股权融资

产业投资基金的设立为社会资本投资乡村产业搭建了有效的平台。通过整合政府、企业和社会各界的资源产业投资基金能够集中力量投资乡村中具有发展潜力的特色产业和新兴产业。这种投资方式不仅有助于优化乡村产业结构，提升产业附加值，还能带动相关产业链的发展，形成产业集群效应。产业投资基金的专业化管理，能够确保资金的有效利用，降低投资风险，提高投资回报率，为社会资本提供了稳定且可持续的投资渠道。

股权融资是一种重要的社会资本参与方式，为乡村企业提供了更为灵活和多样化的资金来源，通过引入股权投资者乡村企业能够获得长期稳定的资金支持，用于扩大生产规模、提升技术水平、拓展市场等方面。这不仅有助于增强企业的市场竞争力，还能推动企业进行技术创新和产品升级，提升整个行业的竞争力。股权融资还能促进企业治理结构的完善，提高企业的管理水平和运营效率，为企业的长远发展奠定坚实的基础。

产业投资基金与股权融资在乡村振兴中的应用，促进了乡村经济的多元化发展。通过投资于不同领域和不同规模的乡村企业，这两种融资方式有助于形成多元化的经济结构，降低经济风险，提高经济的稳定性和韧性。乡村产业的发展和壮大还能带动乡村就业和居民收入的增长，提升乡村社会的整体福祉。

（二）企业社会责任与公益投资

企业社会责任的履行是企业在追求经济效益的同时，对社会和环境的积极回馈。在乡村振兴的背景下，企业可以通过投资乡村公益事业，如教育、医疗、文化、环保等领域，来改善乡村居民的生活条件，提升乡村社会的整体福祉。这种投资不仅有助于缩小城乡差距，促进社会公平，还能增强乡村社会的凝聚力和向心力，为乡村的和谐稳定提供坚实的社会基础。

公益投资是社会责任的一种具体表现形式，其特点在于在追求经济效益的同时，更加注重社会价值的实现。企业通过公益投资可以将资金投入具有社会公益性质的乡村项目，如基础设施建设、农业技术推广、乡村旅游开发等，这些项目不仅能够为乡村带来直接的经济效益，还能促进乡村产业结构的优化升级，提高乡村经济的整体竞争力。公益投资还能吸引更多的社会资本关注乡村发展，形成良性循环，为乡村振兴注入持久的动力。

企业社会责任与公益投资在乡村振兴中的应用，体现了企业与社会共赢的发展理念。

① 戈予翡，冯美茹，马杰，等．社会资本参与乡村振兴的路径研究[J]．智慧农业导刊，2024，4（11）：133-136.

企业通过参与乡村建设，不仅能够获得良好的社会声誉和品牌形象，还能在乡村市场中寻找新的发展机遇，拓展业务领域，实现企业的可持续发展。乡村社会的和谐稳定与经济发展，也能为企业提供更好的投资环境和市场机遇，形成企业与乡村相互促进、共同发展的良好局面。

三、社会资本参与的保障机制

（一）政策支持与激励机制

政府的政策引导与支持是不可或缺的关键要素。为了有效激发社会资本参与乡村振兴的活力，政府应当出台一系列具有针对性和吸引力的政策支持与激励机制。这些政策旨在通过税收优惠、财政补贴、土地供应等具体激励措施，为社会资本创造更加有利的投资环境，降低其投资成本，提升其投资意愿和积极性。

税收优惠可以是政府吸引社会资本的重要手段之一。政府可以针对投资于乡村振兴领域的社会资本，给予一定的税收减免或返还政策，以减轻其税负，增加其投资回报，财政补贴也是激励社会资本参与乡村振兴的有效方式。政府可以设立专项基金，对符合条件的乡村振兴项目进行财政补贴，以分担社会资本的投资风险，提高其投资效益。土地供应政策的优化也是激发社会资本投资热情的关键。政府可以通过优先供应土地、降低土地使用成本等措施为社会资本参与乡村振兴提供充足的土地资源保障。

除了具体的激励措施外，政府还应加强政策宣传和培训，提高社会资本对乡村振兴政策的认知度和理解度。政府可以通过举办政策宣讲会、培训班等活动，向社会资本详细介绍乡村振兴政策的内容、目标和实施路径，帮助其理解政策意图，把握投资机会。政府可以通过建立政策咨询和服务机制，为社会资本提供政策解读、项目申报等方面的指导和帮助，降低其投资过程中的信息不对称风险，提高其投资决策的科学性和准确性。通过这些措施的实施，政府可以进一步激发社会资本参与乡村振兴的活力，推动乡村振兴战略的深入实施。

（二）风险分担与利益共享机制

风险分担机制需要明确政府、社会资本以及其他利益相关者的角色和责任。政府是政策的制定者和监管者，应负责提供政策支持和监管保障，降低社会资本的政策风险和法律风险。社会资本是项目的投资主体和运营主体，应负责项目的具体实施和运营管理，承担相应的运营风险和市场风险。其他利益相关者如金融机构、技术提供商等应根据其参与程度和贡献大小，承担相应的风险和责任。通过明确各方权责可以确保风险在参与者之间得到合理分担，降低单一主体承担过大风险的可能性。

风险分担机制还需要制订合理的风险缓解措施和应急预案。提前制定风险缓解措施，如设立风险准备金、购买商业保险等，以应对可能出现的风险事件；制定应急预案，确保在风险事件发生时能够迅速响应、有效处置，最大限度地减少损失。

建立健全风险分担机制的同时，还需要构建合理的利益共享机制，以保障社会资本的投资回报，实现互利共赢的局面。利益共享机制的核心在于制订合理的利益分配方案，确保各方参与者都能从项目中获得合理的收益。这需要根据项目的具体情况，综合考虑投资规模、运营成本、市场前景等因素，确定合理的利润分配比例和支付方式；应建立有效的激励机制，如设立绩效奖金、提供增值服务等，以激发各方参与者的积极性和创造性，推动项目的长期稳定发展。通过构建合理的利益共享机制，可以实现社会资本与乡村振兴的双赢局面，为乡村振兴战略的深入实施提供有力保障。

（三）社会资本参与的监管与评估

监管体系的建立是保障社会资本规范参与乡村振兴的基础。政府应明确监管的主体、内容、方式和手段，确保监管工作的全面性和有效性，设立专门的监管机构或部门，负责对社会资本参与乡村振兴的项目进行审查、批准和备案，确保项目的合法性和合规性。政府应加强对社会资本投资行为的监管，防止其出现违法违规、损害公共利益等行为。对于项目的进展和资金使用，政府应进行严格的监督和检查，确保项目按计划推进，资金得到合理使用。通过这一系列监管措施的实施可以规范社会资本的投资行为，保障乡村振兴项目的顺利实施。

评估机制的建立是衡量社会资本参与乡村振兴效果的重要手段。政府应定期对社会资本的投资效果和社会贡献度进行评估，为政府决策提供依据和参考。评估的内容可以包括项目的经济效益、社会效益、环境效益等方面，通过综合评估可以全面反映社会资本在乡村振兴中的贡献和成效。政府应将评估结果与项目的后续支持、奖励政策等挂钩，激励社会资本在乡村振兴中发挥更大的作用。政府应建立信息公开和反馈机制，及时向社会公布评估结果，接受社会监督，提高评估工作的透明度和公信力。通过这一系列评估措施的实施可以推动社会资本在乡村振兴中发挥更加积极的作用，为乡村振兴战略的深入实施提供有力保障。

第八章　乡村振兴与可持续发展的未来展望

在当今全球化和信息化的时代背景下，乡村振兴与可持续发展成为推动社会进步和经济发展的重要议题，科技的飞速发展和全球环境问题的日益严峻使如何在乡村振兴的过程中实现绿色发展、数字化转型以及创新创业的深度融合，成为一个亟待解决的时代课题。本章旨在深入探讨乡村振兴与可持续发展的未来展望，通过理论分析与实践案例的结合揭示数字化转型与绿色发展在乡村振兴中的重要作用，以及构建乡村振兴长效机制的必要性，还将关注创新创业如何推动县域经济的高质量发展，为实现乡村振兴与可持续发展的协同推进提供新的思路和策略。

第一节　数字化转型与绿色发展的融合路径

本节旨在深入探讨县域经济数字化转型与绿色发展的关系及其融合路径，通过理论分析与实践案例的结合揭示数字化技术如何促进绿色发展，以及绿色发展如何引导数字化转型，进而探讨两者融合的协同效应与价值。在数字化转型的大背景下，不仅要关注技术革新带来的生产效率提升和产业升级，更要关注其对环境友好型社会的构建和可持续发展的推动作用。分析大数据、云计算、物联网等先进技术如何助力企业实现资源高效利用、节能减排和绿色创新；探讨绿色发展对数字化转型的引导作用，揭示环保原则如何成为技术创新和产业升级的重要导向，以及这如何促进形成更加绿色、低碳、循环的发展模式；详细阐述数字化推动绿色发展的具体路径，包括智慧农业与生态保护、绿色制造与循环经济、数字化能源管理与节能减排等方面。这些路径不仅展示了数字化技术在绿色发展中的广泛应用和深远影响，也为人们提供了推动绿色发展的新思路和新策略；通过一系列成功案例与实践探索的分析，总结数字化转型与绿色发展融合过程中的宝贵经验和教训。这些案例不仅展示了融合发展的巨大潜力和广阔前景，也为人们指出了未来融合发展的方向和策略。

一、数字化转型与绿色发展的关系

（一）数字化技术对绿色发展的促进作用

传统农业在生产过程中通常因缺乏精准的资源配置，造成水、化肥和农药的过度使用，不仅增加生产成本，还对土壤和水体造成污染。数字化技术的引入为这一难题提供了解决方案。借助传感器、卫星定位和大数据分析，精准农业得以实现。例如，传感器实时监测土壤湿度、养分含量和农作物生长状况，大数据分析根据这些信息，精确计算出农作物所需的水、肥和农药用量，实现精准灌溉、施肥和施药。这不仅降低了农业生产对环境的负面影响，还提高了资源利用效率，减少了生产成本，推动农业向绿色、可持续方向发展。

乡村能源领域数字化技术有助于优化能源管理，促进绿色能源的广泛应用。通过智能电网和能源管理系统，可实现对能源生产、传输和消费的实时监测与调控。太阳能和风能等可再生能源受自然条件影响较大，具有不稳定性。数字化技术能够通过预测能源产量，合理安排能源储存和分配，确保能源供应的稳定。智能电表和节能设备的应用，帮助农户和企业实时了解能源消耗情况，引导他们采取节能措施，降低能源消耗，减少碳排放。

乡村的生态环境是绿色发展的重要基础，数字化技术为生态环境监测和保护提供了更高效、更精准的手段。无人机和卫星遥感技术能够对大面积的森林、湿地与农田进行实时监测，及时发现森林火灾、病虫害和土地退化等问题。利用人工智能和图像识别技术可对监测数据进行分析，快速准确地识别环境变化和生态破坏情况，为环境保护决策提供科学依据。数字化平台还能促进公众参与生态环境保护，通过社交媒体和移动应用引导村民积极参与环境监督和保护行动。

数字化技术为乡村特色产业发展创造了新机遇，拓展了市场空间。借助电商平台和数字营销手段，乡村绿色农产品和手工艺品能够直接面向全国乃至全球市场，减少中间环节，提高产品附加值。大数据分析帮助企业了解消费者需求，开发符合市场需求的绿色产品，通过对消费者偏好的分析，企业能够生产更健康、更环保的农产品，满足消费者对绿色食品的需求。数字化技术还推动了乡村旅游与绿色产业的融合，通过线上宣传和智慧旅游平台，吸引更多游客前来体验乡村的自然风光和绿色生活方式。

数字化技术在乡村绿色发展中发挥着不可替代的作用，通过推动精准农业、优化能源管理、创新生态环境保护手段和赋能绿色产业发展，为乡村振兴与可持续发展开辟了新路径，助力乡村实现经济发展与生态保护的双赢。①

（二）绿色发展对数字化转型的引导作用

绿色发展对资源节约和环境保护的严格要求，促使科研人员和企业将研发重点转向绿

① 张忠文．新发展形势下以数字乡村建设赋能乡村全面振兴问题研究 [J]. 广西职业技术学院学报，2022，15（4）：43–49.

色数字化技术。在农业领域，为减少农业面源污染，研发出基于物联网的精准农业管理系统，该系统借助传感器对土壤肥力、水分以及农作物生长状态进行实时监测，依据监测数据实施精准灌溉与施肥，从而避免水资源与化肥的过度使用，不仅降低了农业生产对环境的负面影响，还提升了生产效率；在能源领域，对可再生能源需求的增加使数字化技术被广泛应用于太阳能、风能发电设备的监控与管理，实现对能源生产和分配的智能调控，提高能源利用效率，减少碳排放。

绿色发展引导各类数字化平台在功能和运营模式上向绿色化方向升级。电商平台积极响应绿色消费需求，设立绿色农产品专区，为消费者提供更多绿色、有机农产品，通过大数据分析消费者的绿色消费偏好，为农户和农业企业提供市场信息，引导其生产更符合市场需求的绿色产品。在物流领域，数字化技术优化物流配送路径，减少运输过程中的能源消耗。部分物流企业利用智能调度系统，整合运输资源，实现车辆的满载率最大化，降低单位货物的运输能耗。

在乡村治理中，绿色发展理念促使数字化治理模式向绿色化方向转变。通过建立数字化生态环境监测平台整合气象、水文、土壤等多源数据，实现对乡村生态环境的全方位、实时监测。利用人工智能和大数据分析技术，对监测数据进行深入挖掘，及时发现环境问题并预警，为环境管理决策提供科学依据。数字化平台促进公众参与乡村绿色治理，村民可通过手机应用反馈环境问题，参与环境监督，形成政府、企业和公众共同参与的绿色治理格局。

绿色发展需求推动乡村培养既懂数字化技术又具备绿色发展理念的复合型人才。高校和职业院校调整专业设置，开设与绿色数字经济相关的课程，培养学生在绿色农业、生态环保、可再生能源等领域运用数字化技术的能力；企业和社会组织开展各类培训活动，提升农民与农村创业者的数字化技能和绿色发展意识，为乡村绿色数字化转型提供人才支撑。

绿色发展是乡村振兴的重要目标，对数字化转型起到了全方位的引导作用。从技术研发到平台升级，从治理模式到人才培养，绿色发展理念促使数字化转型在乡村振兴中发挥更大的作用，推动乡村实现经济发展与生态保护的良性互动，迈向可持续发展的新征程。①

（三）两者融合的协同效应与价值

数字化技术赋能绿色生产推动农业生产模式的创新变革。通过部署传感器、无人机等设备，构建智慧农业体系，实现对农业生产环境的实时感知与精准调控，灌溉环节借助土壤湿度传感器收集的数据，系统自动控制灌溉设备，避免水资源浪费，有效降低农业生产成本。数字化技术助力精准施药、施肥，减少化学投入品对土壤、水体和空气的污染，保护生态环境。这种生产模式不仅实现降本增效，还践行绿色发展理念，保障农业可持续发展。

两者的融合催生了诸多新兴产业形态，拓宽乡村产业发展的边界：数字化技术让绿色

① 杨务鸿 . 基于乡村振兴背景下数字农业高质量发展的路径研究 [J]. 农村实用技术，2024（6）：28–29，32.

农产品实现从田间到餐桌的全程追溯，提升产品附加值与市场竞争力，拓宽销售渠道；数字技术与乡村旅游深度融合，打造智慧旅游服务平台，整合乡村的自然景观、民俗文化和生态资源，推出个性化旅游产品，吸引游客前来体验绿色乡村生活，带动乡村旅游消费增长。绿色数字产业还为农村居民创造更多就业机会，吸引人才回流，激发乡村经济发展的内生动力。

数字化与绿色发展的融合为乡村资源优化配置和治理效能提升提供有力支撑。利用大数据、云计算等技术搭建乡村资源管理平台，对土地、水资源、能源等进行统一管理与动态监测，依据资源的实时状况和需求变化，实现资源的科学调配，提高利用效率。生态环境治理方面通过卫星遥感、物联网等技术，对乡村生态环境进行全方位、全天候监测，及时发现和处理环境污染问题，构建数字化的生态环境预警和应急响应机制，为乡村可持续发展保驾护航。

两者的融合推动乡村居民素质提升培育出适应时代发展的新型农民：数字化培训平台为农民提供绿色农业技术、生态环保知识和数字技能培训，帮助他们掌握新的生产方式和经营理念；绿色数字技术在乡村的广泛应用令村民在日常生产生活中逐渐形成绿色环保、数字创新的文化氛围，增强对乡村绿色发展的认同感和责任感，形成推动乡村振兴的强大合力。

数字化转型与绿色发展的融合，在生产、产业、治理和文化等多个层面发挥协同效应，创造出巨大的经济、社会和生态价值。在乡村振兴的实践中，应进一步深化两者的融合，充分释放协同效应，推动乡村实现高质量、可持续发展，描绘出一幅产业兴旺、生态宜居、乡风文明、治理有效、生活富裕的新时代乡村画卷。①

二、数字化推动绿色发展的路径

（一）智慧农业与生态保护

智慧农业成为推动农业绿色发展的关键力量，它借助物联网、大数据、人工智能等现代信息技术，实现了农业生产过程的智能化和精准化。这些技术的应用，不仅极大地提高了农业生产的效率和质量，更为农业生产方式的转型升级提供了有力支撑。物联网技术通过传感器等设备，实时收集农田环境、作物生长等关键信息，为农业生产提供了精确的数据支持。大数据技术对这些海量数据进行深度挖掘和分析，揭示出农业生产中的规律和趋势，为农业决策提供了科学依据。人工智能技术的应用进一步提升了农业生产的智能化水平，实现了作物病虫害的精准识别与防治、农田灌溉和施肥的精准控制等。这些技术的综合应用不仅显著提高了农作物的产量和品质，还有效减少了化肥、农药等化学物质的使用

① 楚徐媛．乡村振兴战略视角下加快数字乡村建设研究 [J]. 农村·农业·农民，2024（4）：32–34.

量，降低了农业生产对环境的污染。

智慧农业不仅带来了农业生产方式的变革，更在资源合理利用和生态保护方面展现出了巨大潜力。通过智能化管理和精准化控制，智慧农业能够实现对农业资源的优化配置和高效利用。在灌溉方面，智慧农业可以根据土壤湿度和作物需水量进行精准灌溉，避免了水资源的浪费；在施肥方面，智慧农业可以根据土壤养分状况和作物营养需求进行精准施肥，提高了肥料的利用率，减少了化肥的流失和污染。智慧农业注重生态保护，通过生态农业、循环农业等模式推动农业与生态环境的协调发展。智慧农业可以利用物联网技术监测农田生态环境的变化，及时发现并处理潜在的生态问题；通过推广有机农业、生物防治等绿色农业技术，减少农药和化肥的使用量，保护生物多样性，维护农田生态系统的稳定性和可持续性。这些措施的实施不仅有助于提升农产品的品质和安全性，更为农业可持续发展奠定了坚实的基础。

（二）绿色制造与循环经济

在工业化进程中，绿色制造是一种全新的生产模式，正逐渐成为实现可持续发展目标的重要途径，其核心在于通过在生产过程中采取一系列环保措施和技术手段，最大限度地减少资源消耗和环境污染，从而在确保经济效益的同时，实现环境效益的最大化。这一理念的提出不仅是对传统制造模式的革新，更是对工业文明发展方向的深刻反思与重新定位。数字化技术的快速发展为绿色制造提供了强有力的技术支撑，生产流程优化方面数字化技术能够实现对生产过程的全面监控和精准控制，从而有效减少资源浪费和能耗。通过数据分析与预测，企业可以更加科学地制订生产计划，优化资源配置，避免过度生产和库存积压，进而减少废弃物的产生。数字化技术还能促进生产设备的智能化升级，提高设备的运行效率和精度，进一步降低能耗和排放。

循环经济领域数字化平台正发挥着越来越重要的作用，通过构建废弃物回收与再利用的数字化平台企业可以实现对废弃物的精准追踪和高效管理。这些平台不仅能够帮助企业收集和分析废弃物的类型、数量、来源等信息，还能为废弃物的分类处理、资源化利用提供科学依据。在此基础上企业可以探索建立废弃物回收再利用的闭环体系，实现废弃物的“减量化、资源化、无害化”处理。数字化平台还能促进废弃物回收再利用的产业化发展，通过平台化运作企业可以整合上下游资源形成废弃物回收再利用的产业链和价值链，推动循环经济的规模化、专业化发展。数字化平台还能为消费者提供便捷、高效的废弃物回收服务，提高消费者的环保意识和参与度，为循环经济的发展营造良好的社会氛围。所以数字化平台在推动废弃物回收与再利用方面，正成为循环经济发展的重要驱动力。

（三）数字化能源管理与节能减排

在能源管理领域，数字化技术的引入标志着从传统管理模式向智能化、精细化转型的重大跨越，数字化能源管理系统是这一转型的核心工具，凭借其强大的实时监测和控制能力，为企业提供了全新的能源管理手段。该系统通过集成物联网、大数据、云计算等先进技术，能够实时捕捉和分析能源消耗数据，精准描绘出能源使用的动态图谱。这种实时监测不仅提升了能源数据的透明度和准确性，更为企业提供了及时、全面的能源使用反馈，为后续的能源分配和调度提供了科学依据。

基于实时数据的深度分析，企业能够更准确地评估能源使用的效率与效益，进而制订出更为科学的节能减排计划。大数据分析技术通过对历史数据的挖掘，能够揭示能源消耗的趋势和规律，预测未来的能源需求变化。这种预测能力使企业能够提前调整能源使用策略，避免能源浪费，确保生产运营的连续性和稳定性。数字化能源管理系统还能够根据生产实际和能源价格等因素，智能调整能源使用方案，实现能源成本的最小化和使用效率的最大化。

数字化技术在清洁能源的开发和利用方面发挥着关键作用。通过智能化监测与控制数字化技术能够优化清洁能源设施的运行状态，提高其发电效率和稳定性。太阳能和风能发电领域，数字化技术能够实时跟踪天气变化，预测能源产出，从而精准调整发电计划，减少因天气波动导致的能源浪费。数字化技术能促进清洁能源与传统能源的互补与协同，通过智能调度和储能技术，实现能源供应的稳定性和可靠性。

数字化技术为能源结构的优化和升级提供了强大动力。通过数据分析与预测，企业能够更清晰地认识到不同能源类型的经济性和环保性，从而制定出更为合理的能源组合策略。这种策略不仅有助于降低企业的能源成本和环境风险，还能推动整个社会的能源结构向更加清洁、低碳、可持续的方向发展。所以数字化技术在能源管理与节能减排领域的广泛应用不仅为企业带来了显著的经济效益和环境效益，更为全球能源转型和可持续发展目标的实现提供了有力支持。

第二节 乡村振兴的长效机制建设

乡村振兴并非一蹴而就的短期任务，而是一项需要长期规划、持续投入和动态调整的系统工程，所以构建一套科学、合理、高效的乡村振兴长效机制，成为推动乡村全面振兴、实现农业农村现代化的关键所在。本节将深入探讨乡村振兴长效机制的内涵、重点领域与实施路径，旨在为乡村振兴战略的深入实施提供理论支撑与实践指导。从长效机制的定义与特征出发，阐述其构建的必要性和核心要素，为后续研究奠定理论基础；聚焦产业发展的可持续性、人才支撑与组织保障、政策支持与制度创新等重点领域，分析这些领域在乡村振兴中的关键作用及其实施策略；探讨政府引导与市场驱动、多方协同与社会参与、动态调整与优化机制等实施路径，为乡村振兴长效机制的构建提供实践参考。

一、乡村振兴长效机制的内涵

（一）长效机制的定义与特征

乡村振兴的长效机制是一套系统、稳定且可持续的制度安排与运行模式，它整合政策、组织、投入、监督等多个层面的要素，为乡村振兴提供全方位、长期性的支持与保障。这一机制并非单一的政策或措施，而是各类要素相互关联、相互作用所构成的有机整体。其核心目标在于，克服乡村发展过程中的短期行为，突破阶段性瓶颈，实现乡村经济、社会、生态的持续健康发展，确保乡村振兴的成果能够长期巩固。

乡村振兴长效机制涵盖经济、政治、文化、社会、生态等多个领域，各个领域的政策和措施相互配合，形成一个有机的整体。产业发展政策为乡村经济增长提供动力，人才振兴政策为产业发展提供智力支持，生态保护政策则为可持续发展奠定基础。这些政策之间相互关联、协同发力，共同推动乡村全面振兴。长效机制涉及政府、市场、社会等多元主体，通过明确各主体的职责和作用，形成共建共享的良好局面。长效机制一旦确立便具有相对的稳定性，不会因外部环境的短期波动而轻易改变。这种稳定性为乡村振兴提供了可预期的政策环境，使各类市场主体和社会力量能够长期投入乡村建设，土地承包关系的长期稳定，为农民提供了稳定的土地经营预期，激励他们加大对土地的长期投入，促进农业的可持续发展。乡村振兴长效机制注重资源的合理利用和生态环境的保护，强调经济发展与生态保护的良性互动。通过推动绿色农业、循环农业的发展实现农业资源的高效利用和废弃物的资源化处理，减少农业面源污染，保护乡村生态环境。长效机制关注乡村社会的可持续发展，通过加强农村教育、医疗、文化等公共服务体系建设提升农村居民的生活质量，促进乡村社会的和谐稳定。

尽管长效机制具有稳定性，但它并非一成不变。乡村振兴战略的推进和外部环境的变化令长效机制需要不断进行调整和完善，以适应新的发展需求，科技的进步和市场需求的变化使乡村产业发展需要及时调整产业结构，创新发展模式。长效机制应具备敏锐的市场洞察力和适应性，能够及时调整政策和措施，确保乡村振兴战略始终与时代发展同步。

乡村振兴长效机制通过建立科学合理的激励约束机制，引导和规范各主体的行为：通过财政补贴、税收优惠等政策，激励各类市场主体参与乡村振兴，激发农民的内生动力；通过法律法规和监管机制约束不合理的开发行为，保障乡村振兴的有序推进。

乡村振兴的长效机制是一个兼具系统性、稳定性、可持续性、动态适应性和激励约束性的有机整体。深刻理解这一机制的定义和特征，有助于人们在实践中构建科学有效的乡村振兴长效机制，推动乡村振兴战略的持续深入实施，实现乡村的长治久安和可持续发展。

（二）长效机制建设的必要性

从基础设施的改善、公共服务的提升，到产业结构的优化、乡土文化的传承，乡村发展的每一项任务都需要较长时间才能达成。以农村教育和医疗为例，改善教育设施、提升师资力量以及完善医疗服务体系，都需要多年持续的投入和努力。建立长效机制，能够从制度层面为乡村振兴的长期推进提供保障，防止因政策的短期波动导致发展中断，让乡村振兴的各项工作有条不紊、持续深入地开展。

经过一段时间的努力，乡村振兴已取得阶段性成果，如部分地区特色产业蓬勃发展，农村人居环境得到显著改善。这些成果依然脆弱，容易因外部环境变化或政策支持减弱而出现反复。长效机制通过建立常态化的监测和评估体系，对乡村振兴的成果进行跟踪和维护。一旦发现问题，能够及时采取措施进行整改，防止成果倒退，实现成果的持续巩固与拓展。

乡村振兴需要政府、市场、社会等多元主体的共同参与，涉及资金、技术、人才等各类资源的投入。但实际推进过程中各主体之间缺乏有效的协调机制，资源配置碎片化的问题较为突出。长效机制通过搭建统一的协调平台，明确各主体的职责和分工，制定合理的资源分配规则，引导各类资源向乡村振兴的重点领域和关键环节流动，通过创新财政资金与社会资本合作模式，吸引更多社会资本投入乡村产业发展，提高资源配置效率，形成乡村振兴的强大合力。

乡村振兴过程中面临着诸多不确定因素，如自然灾害、市场波动、政策调整等，这些因素有时对乡村经济社会发展造成冲击，增加乡村振兴的难度。长效机制具有较强的适应性和灵活性，能够根据外部环境的变化及时调整策略，当市场对某种农产品的需求发生变化时，长效机制可以引导农民调整种植结构，通过大数据平台为农民提供市场信息和技术支持降低市场风险，保障乡村经济的稳定发展。

乡村振兴不仅要实现经济的发展，还要兼顾生态环境保护、社会和谐稳定和文化传承创新，实现乡村的可持续发展。长效机制通过制定科学合理的规划和政策，引导乡村发展遵循生态优先、绿色发展的原则，推动农村产业绿色转型，加强生态环境保护和修复，注重农村社会事业的发展，促进乡村文化的繁荣，营造文明和谐的乡村氛围，为乡村可持续发展提供全方位的保障。

（三）长效机制的核心要素

完善的政策保障体系是乡村振兴长效机制的基石，从产业发展、人才培养，到生态保护、文化建设，各个领域都需要系统且稳定的政策支持。产业政策方面，政府需出台一系列扶持政策，引导资源向乡村特色产业倾斜，推动产业升级，通过税收优惠、财政补贴等措施鼓励企业投资乡村产业，促进农产品加工、乡村旅游等产业的发展；土地政策方面，进一步完善农村土地流转制度，保障农民合法权益，为规模化、集约化农业发展创造条件，保持政策的稳定性与连续性，避免因政策的频繁变动给乡村发展带来不利影响。

乡村振兴离不开持续稳定的资金投入，构建多元投入机制非常重要。政府财政应发挥主导作用，加大对农村基础设施建设、公共服务供给等领域的投入，积极引导社会资本参与乡村振兴。通过创新财政资金与社会资本合作模式，吸引金融机构、企业等社会力量投资乡村产业和建设项目。探索建立乡村振兴基金，拓宽融资渠道，为乡村发展提供充足的资金支持。还要注重资金的合理配置与高效使用，提高资金的使用效益。

人才是乡村振兴的关键要素，构建人才支撑体系是长效机制的重要组成部分。通过实施人才返乡创业计划、大学生村官计划等，吸引各类人才投身乡村建设。为返乡人才提供创业补贴、住房保障、子女教育等优惠政策，解决他们的后顾之忧；加强对农村现有劳动力的培训，提升其技能水平和综合素质。依托职业院校、农业技术推广机构等，开展农业生产技术、电商运营、乡村旅游服务等培训，培养一批懂农业、爱农村、爱农民的新型职业农民，为乡村振兴提供坚实的人才保障。

产业兴旺是乡村振兴的基础，构建富有活力的产业发展体系是长效机制的核心内容。立足乡村资源优势，培育壮大特色产业，推动农业与二、三产业融合发展，发展农产品深加工产业，提高农产品附加值；打造乡村旅游品牌，推动乡村旅游产业的发展。加强农业科技创新，推广应用先进的农业生产技术和设备，提高农业生产效率和质量。借助互联网技术，拓宽农产品销售渠道，发展农村电商，提升乡村产业的市场竞争力。

为确保乡村振兴各项政策和措施的有效实施，建立健全监督评估机制不可或缺，制定科学合理的评估指标体系，对乡村振兴的进展和成效进行定期评估。加强对资金使用、项目建设等方面的监督，防止出现腐败和资源浪费现象。将评估结果与政策调整、资金分配挂钩，对工作成效显著的地区和单位给予表彰和奖励，对工作不力的进行问责。通过监督评估机制及时发现问题，总结经验教训，为乡村振兴长效机制的优化提供依据。①

二、长效机制建设的重点领域

（一）产业发展的可持续性

乡村振兴的长效机制构建中产业发展的可持续性占据着核心地位，这一理念不仅强调产业自身的发展潜力和生命力，更着眼于产业与乡村经济、社会、环境之间的和谐共生。为了实现这一目标，首要任务是推动农业与二、三产业的深度融合发展，形成多元化的产业格局，打破传统农业单一生产的局限。通过引入现代工业和服务业的元素如农产品加工、乡村旅游、农村电商等，可以有效延长产业链条，提升农产品的附加值，进而增强乡村经

① 朱斌斌，冯彦明．乡村生态振兴的长效机制探析 [J]. 农村金融研究，2019（1）：9–14.

济的整体竞争力。

推动产业融合的过程中形成具有地方特色的产业体系非常重要。每个乡村都有其独特的自然资源和人文景观，这些资源是构建特色产业体系的基础。通过深入挖掘和合理利用这些资源可以打造出具有鲜明地域特色的农产品品牌，如地方特色食品、手工艺品等，从而增强乡村产业的辨识度和市场竞争力。特色产业体系的建立还能促进乡村文化的传承与创新，为乡村振兴注入更多的文化内涵和精神动力。

为了实现产业发展的可持续性，加强产业技术创新和品牌建设同样不可或缺。技术创新是提升产业竞争力的关键，通过引进先进的农业科技和管理经验可以提高农产品的产量和品质，降低生产成本，增强产业的盈利能力。品牌建设也是提升农产品市场价值的重要手段。通过加强品牌宣传和推广提高消费者对农产品的认知度和信任度，可以进一步拓宽市场销售渠道，增加农产品的市场份额。品牌建设的过程中需要注重农产品的标准化生产和质量安全管理，确保农产品的品质和安全性，为乡村产业的可持续发展奠定坚实的基础。

（二）人才支撑与组织保障

乡村振兴的伟大征程中人才是第一资源，其重要性不言而喻。为了构建人才支撑的长效机制，必须深刻认识到人才培养和引进的紧迫性与长期性。应加大对乡村本土人才的培养力度，通过设立专项培训计划、搭建学习交流平台、提供实践锻炼机会等多种方式，全面提升乡村人才的综合素质和专业技能。这些人才不仅是乡村振兴的直接参与者，更是乡村文化的传承者和创新者，他们的成长与发展将为乡村振兴注入源源不断的活力。积极引进外部人才同样非常重要。应制定更具吸引力的人才引进政策，如提供优惠的待遇条件、创造良好的工作环境、搭建广阔的成长舞台等，吸引更多有志于乡村振兴的优秀人才投身其中。完善乡村人才服务体系，包括人才流动机制、激励机制、评价机制等，确保人才能够引得进、留得住、用得好。这一服务体系的建立将为乡村振兴提供坚实的人才支撑，推动乡村经济社会的全面发展。

加强乡村基层组织建设，提高基层组织的凝聚力和战斗力，是乡村振兴不可或缺的组织保障。基层组织是连接政府与村民的桥梁，是乡村治理体系的神经末梢。应注重提升基层组织的领导力和执行力，加强组织内部的团结协作，确保各项政策能够得到有效落实。推动基层组织的创新与发展，鼓励其积极探索适合本地实际的治理模式和路径，为乡村振兴提供更加有力的组织保障。通过这些努力将为乡村振兴奠定坚实的组织基础，推动乡村治理体系和治理能力现代化。

（三）政策支持与制度创新

乡村振兴是一项系统工程，其成功实施离不开强有力的政策支持。构建政策支持的长效机制，首要任务是完善乡村振兴的政策体系。不仅要在宏观层面制定全面、协调、可持续的乡村振兴战略规划，还须在微观层面出台一系列具体、可操作的政策措施，涵盖产业发展、基础设施建设、生态环境保护、人才培育与引进、社会保障等多个方面。通过政策体系的不断完善可以确保乡村振兴的各项工作有章可循、有据可依，为乡村全面振兴提供坚实的制度保障。

完善政策体系的同时，加大政策扶持力度，确保政策的有效落地和执行是乡村振兴政策支持长效机制的关键所在。政府应加大对乡村地区的财政投入、税收优惠、金融支持等力度，为乡村产业发展、基础设施建设、生态环境保护等提供充足的资源保障。建立严格的政策执行与监督机制，确保各项政策措施能够精准落地、有效实施，避免出现政策空转、资源浪费等现象。注重政策的灵活性与适应性，根据乡村发展的实际情况和外部环境的变化，及时调整和优化政策措施，确保其能够持续发挥效用。

制度创新是乡村振兴不可或缺的重要方面，能够激发乡村发展的活力和创造力，为乡村振兴注入新的动力。制度创新的过程中应积极探索适合乡村特点的发展模式和路径，如推行农村集体产权制度改革、完善农村土地制度、创新农村金融体系等，以破解乡村发展面临的体制机制障碍。鼓励和支持乡村地区开展各类创新实践活动，如科技创新、管理创新、文化创新等，不断提升乡村发展的内生动力。通过这些制度创新可以为乡村振兴提供更加灵活、高效、可持续的制度保障，推动乡村经济社会的全面进步。

三、长效机制的实施路径

（一）政府引导与市场驱动结合

乡村振兴的长效机制建设中政府引导与市场驱动的结合构成了推动乡村全面振兴的双轮驱动策略。政府是乡村振兴的引领者和推动者，其引导作用非常重要。政府应基于深入调研和科学分析，制定符合乡村实际、具有前瞻性和可操作性的规划和政策。这些规划和政策不仅为乡村振兴提供了明确的方向指引，还通过制度设计确保了乡村发展的稳定性和可持续性。政府引导的核心在于通过政策引导、资金投入、技术支持等多种手段，优化乡村发展的外部环境，为市场主体创造有利的发展条件。

市场在资源配置中的决定性作用同样不可忽视，乡村振兴的可持续发展需要充分发挥市场主体的活力和创造力。市场机制能够根据市场需求和资源禀赋，有效配置各类生产要素，推动乡村产业的转型升级和结构调整。通过市场驱动可以激发农民和乡村企业的创新热情，促进新技术、新业态、新模式的不断涌现，为乡村振兴注入新的活力。市场机制能促进城乡之间的资源流动和优势互补，推动城乡融合发展，为乡村振兴提供更广阔的发展空间。所以乡村振兴的长效机制建设中应坚持政府引导与市场驱动相结合的原则，充分发挥两者的优势，形成推动乡村振兴的强大合力。

（二）多方协同与社会力量参与

乡村振兴的长效机制建设离不开多方协同与社会力量参与。构建一个包含政府、企业、社会组织及农民等多元主体的协同治理体系，是实现乡村振兴目标的关键。政府是政策制定者和资源调配者，应发挥其在战略规划、政策引导、公共服务等方面的主导作用，为乡村振兴提供坚实的制度保障和政策支持。企业是市场主体，拥有资金、技术、管理等优势，应积极参与乡村产业开发、基础设施建设、公共服务供给等领域，成为乡村振兴的重要推动力量。社会组织凭借其专业性和灵活性，可以在教育、文化、环保、扶贫等方面发挥独特作用，为乡村振兴增添人文色彩和社会关怀。农民是乡村振兴的主体，其积极性和创造力的激发非常重要，应通过政策激励、技能培训、权益保障等措施，提升其参与乡村振兴的能力和意愿。

在多方协同的基础上鼓励社会力量的广泛参与，是乡村振兴不可或缺的一环。社会力量包括各类公益组织、志愿者团体、科研机构等，它们能够为乡村振兴提供资金、技术、智力等多个方面的支持。通过搭建平台、创新机制，引导社会力量有序、有效地参与乡村振兴项目，不仅可以丰富乡村振兴的资金来源，还能增强乡村振兴的社会影响力和可持续性。社会力量的参与也有助于提升乡村治理的透明度和参与度，促进乡村社会的和谐稳定。所以乡村振兴的长效机制建设中应注重构建政府、企业、社会组织、农民等多方协同共治的格局，鼓励社会力量的广泛参与，共同推动乡村振兴事业的蓬勃发展。

（三）动态调整与优化机制

乡村振兴战略的深入实施要求构建一个能够动态调整与优化的长效机制，这一机制的核心在于其灵活性和适应性，能够紧密跟踪乡村振兴的实际进展，及时捕捉发展趋势中的新变化、新挑战，从而确保相关政策和措施的有效性和针对性。动态调整不仅意味着对既有政策的适时修订和完善，更包括对新问题的预见性应对，以及对成功案例的总结和推广。通过定期的评估与反馈机制可以准确把握乡村振兴的成效与不足，为政策调整提供科学依据，确保乡村振兴战略能够始终沿着正确的方向前进。

在实施动态调整与优化机制的过程中，加强监督和评估是不可或缺的环节，有效的监督和评估体系能够及时发现乡村振兴过程中存在的问题和瓶颈，为政策调整提供及时、准确的信息支持。要建立一套科学、全面的评估指标体系，涵盖经济发展、社会进步、环境保护等多个维度，确保评估结果的客观性和全面性。加强社会监督，鼓励公众参与评估过程，可以提升评估的透明度和公信力，进一步增强乡村振兴战略的社会认同感和支持度。通过持续的监督和评估可以不断优化和调整乡村振兴的策略和措施，确保其能够适应时代的变化和乡村的实际需求，推动乡村振兴事业不断向前发展。

第三节　创新创业推动县域经济高质量发展的愿景

创新创业是推动经济社会发展的不竭动力，对于县域经济高质量发展的意义尤为深远。它不仅能够激发县域内生动能，促进产业结构优化升级，提升经济竞争力，还能够带动就业增长，改善民生福祉，推动城乡融合发展。创新创业所蕴含的创新思维与开放精神，为县域经济注入了新的活力，使其在面对外部环境变化时能够迅速调整、灵活应对，实现可持续发展。本节将深入探讨创新创业与县域经济高质量发展的内在联系，分析创新创业对经济转型的推动作用、高质量发展对创新创业的新要求，以及两者之间的互动逻辑与机制。在此基础上将进一步阐述创新创业推动县域经济高质量发展的具体路径，包括科技创新与产业升级、创业生态与市场活力、区域协同与城乡融合等方面，更将展望县域经济高质量发展的未来愿景，提出完善创新创业生态系统、协同推进乡村振兴与可持续发展的策略建议，以期为县域经济的转型升级与高质量发展提供理论支撑与实践指导。

一、创新创业与高质量发展的关系

（一）创新创业对经济转型的推动作用

传统县域经济通常过度依赖农业或资源型产业，产业结构单一，抗风险能力弱。创新创业活动为县域经济注入新的活力，催生出一系列新兴产业。以数字经济为例，部分县域凭借互联网创新创业浪潮，大力发展农村电商、直播带货等新业态，不仅拓宽了农产品销售渠道，增加了农民收入，还带动了物流、包装等相关产业的发展。科技型企业的兴起推动了县域在智能制造、新能源、生物医药等领域的探索，促使产业结构从传统的劳动密集型、资源依赖型向技术密集型、创新驱动型转变，提升县域经济的整体竞争力。

创新创业的本质在于创造新的技术和商业模式，这种创新成果在县域经济中的应用，能够显著提升生产效率：农业领域，无人机植保、智能灌溉系统等新技术的应用，实现了农业生产的精准化和智能化，减少了人力投入，提高了农业生产效益；工业方面，通过引入自动化生产线、大数据管理系统等，企业在生产过程中能够实现资源的优化配置，降低生产成本，缩短生产周期。技术创新不仅提高了产品质量，还使县域企业在市场竞争中脱颖而出，拓展更广阔的市场空间。

创新创业活动创造了新的消费场景和消费需求，激发了市场活力。县域特色文旅产业的创新发展，如民俗文化节、乡村生态旅游等，吸引了大量城市游客，带动了餐饮、住宿、购物等消费增长。新产品、新服务的不断涌现，满足了消费者多样化、个性化的需求，一些县域通过开发特色农产品加工品，打造绿色、健康的食品品牌，受到消费者的青睐。消费市场的拓展，进一步拉动了县域经济的增长，形成了生产与消费的良性循环。

创新创业活动为县域居民提供了更多就业机会。新兴产业的发展和企业规模的扩大，吸纳了大量农村剩余劳动力和返乡创业人员。企业通过技术培训和技能提升，提高员工的就业能力和收入水平；自主创业的热潮使更多人成为创业者，实现了从“打工者”到“老板”的转变。就业增收不仅改善了居民生活质量，还增强了县域经济的发展韧性，减少了因外部经济波动带来的冲击。

创新创业是推动县域经济转型的强大引擎，在催生新兴产业、推动技术创新、激发市场活力和促进就业增收等方面发挥着重要作用。为充分发挥创新创业的优势，县域应营造良好的创新创业环境，完善政策支持体系，培育创新创业文化，推动县域经济实现高质量发展，为乡村振兴和可持续发展奠定坚实的基础。[①]

（二）高质量发展对创新创业的新要求

高质量发展强调经济的绿色性，这对创新创业活动提出了新的挑战与要求。传统的发展模式下创新创业通常聚焦于经济效益的最大化，而相对忽视了环境保护和可持续发展的问题。高质量发展的背景下创新创业必须转变思路，将环境保护和可持续发展置于核心地位。创新创业活动需要更加注重绿色技术的研发和应用，推动清洁生产、节能减排和资源循环利用，以降低对环境的负面影响。创新创业企业应积极承担社会责任，参与生态修复和环境治理项目，为构建绿色、低碳、循环的经济体系贡献力量。

高质量发展要求经济结构的优化和产业间的协调发展，此背景下创新创业不仅要关注单一产业的发展，更要注重产业间的联动与协同。创新创业活动需要加强与产业链上下游企业的合作，形成紧密的产业链条，提升整体产业的竞争力。通过创新创业的推动可以促进产业集群的形成与发展，发挥集群效应在资源共享、技术创新、市场拓展等方面的优势。这种产业间的协同发展不仅能够提高县域经济的整体效益，还有助于形成具有区域特色产业集群，为县域经济的长期发展奠定坚实的基础。

高质量发展鼓励经济的开放性和国际化，创新创业需要面向国际市场，积极拓展国际合作与交流，提升县域经济的开放度和竞争力。这要求创新创业企业在产品开发、技术创新、市场拓展等方面具有国际视野，能够紧跟国际潮流，把握国际市场需求。通过与国际知名企业的合作与交流可以引进先进的技术和管理经验，提升县域企业的核心竞争力。积极参与国际竞争，有助于推动县域经济融入全球经济体系，实现更高水平的发展。

① 敖明 . 乡村经济高质量发展在乡村振兴中的作用机制研究 [J]. 中国集体经济，2019（25）：2–3.

（三）两者互动的内在逻辑与机制

创新创业是推动经济社会发展的重要力量，与高质量发展之间存在着深刻的互动关系。创新创业通过技术革新和模式创新，不断为高质量发展注入新的动力和活力，县域经济中创新创业企业通常能够敏锐捕捉市场需求，利用新技术、新工艺、新业态，开发出具有竞争力的产品和服务，从而带动产业升级和经济结构优化。这种创新活动不仅提升了县域经济的科技含量和附加值，还促进了经济增长方式的转变，为高质量发展奠定了坚实的基础。创新创业所孕育的创新文化和企业家精神，成为推动县域经济持续健康发展的重要精神动力。

高质量发展为创新创业提供了更加广阔的市场空间和更加优越的发展环境。县域经济结构的优化和产业升级使市场需求呈现出多元化、高品质的特点，这为创新创业提供了丰富的市场机遇。创新创业企业可以依托高质量发展的市场需求，开发出更加符合消费者需求的产品和服务，实现快速成长；高质量发展注重提升基础设施、公共服务、营商环境等方面的水平，为创新创业提供了更加便捷、高效、公平的发展环境。这种环境优化不仅降低了创新创业的门槛和成本，还吸引了更多的创新人才和资源向县域经济集聚，为创新创业的繁荣发展提供了有力保障。

创新创业与高质量发展之间的互动机制实质上是一种创新驱动与环境优化的共生关系，在这种共生关系中，创新创业是高质量发展的核心驱动力，通过不断的技术革新和模式创新，推动县域经济实现更高质量、更有效率、更加公平、更可持续的发展。而高质量发展则为创新创业提供了更加广阔的市场空间和更加优越的发展环境，为创新创业的繁荣发展创造了有利条件。这种互动机制的形成有助于推动县域经济形成创新驱动与环境优化相互促进、相互依存的良性循环，实现高质量发展。这一过程中政府、企业、社会组织等各方主体应充分发挥各自的作用，共同构建有利于创新创业和高质量发展的政策体系、市场环境和社会氛围，为县域经济的持续健康发展注入新的活力和动力。

二、创新创业推动高质量发展的路径

（一）科技创新与产业升级

科技创新是推动县域经济高质量发展的核心要素，尤其是在促进传统产业转型升级方面发挥着非常重要的作用。县域经济通常以传统产业为基础，这些产业在长期发展过程中积累了一定的技术基础和产业规模，但也面临着技术水平低、产品附加值不高、市场竞争力下降等问题。通过加强科技创新可以引入新技术、新工艺和新材料，提升传统产业的技术含量和生产效率，实现产品的升级换代和产业链的延伸。这不仅有助于增强传统产业的竞争力和生命力，还能推动县域经济从资源依赖型向创新驱动型转变，为高质量发展奠定坚实的基础。

科技创新的推动下新兴产业成为县域经济高质量发展的新引擎。通过研发新技术、开发新产品，科技创新能够催生出一系列新兴产业，如信息技术、生物技术、新能源、新材料等，这些产业具有高附加值、高成长性和强辐射带动力，能够迅速形成新的经济增长极。新兴产业的发展不仅能够为县域经济注入新的活力，还能够带动相关配套产业的发展，形成产业集群效应，优化县域经济结构，提升整体经济实力。新兴产业的培育和发展能够吸引和培育一批高素质人才，为县域经济的长期发展提供智力支持。所以科技创新在推动县域经济高质量发展中不仅促进了传统产业的转型升级，还通过新兴产业的培育，为县域经济的多元化、高端化发展提供了有力支撑。

（二）创业生态与市场活力

良好的创业生态是县域经济中创新创业活动得以繁荣发展的基础，一个健全的创业生态系统包括政策支持、融资服务、孵化平台、教育培训、信息服务等多个方面，这些要素相互关联、相互促进，共同为创业者提供全方位的支持。通过构建完善的创业服务体系，优化创业环境，可以有效降低创业门槛，减少创业风险，激发市场主体的创新创业活力。政府可以提供税收优惠、资金补贴等政策扶持，金融机构可以推出针对创业企业的贷款和融资产品，孵化器和加速器可以为初创企业提供办公空间、技术支持和市场对接等服务。这些措施不仅有助于创业项目的孵化和成长，还能提升创业成功率，形成创新创业的良性循环。

完善的创业生态不仅能够激发本地市场主体的创新创业活力，还能吸引更多的外部资源和人才向县域经济流动。县域经济的高质量发展需要不断吸收外部先进的技术、资本和管理经验。良好的创业生态通过提供优质的创业环境和服务，能够增强对外部资源和人才的吸引力：创业生态中的成功案例和良好口碑能够吸引外部投资者和合作伙伴的关注，为县域经济引入更多的资金和技术支持；创业生态中的创新氛围和成长机会能够吸引高素质人才的加入，为县域经济的高质量发展提供智力保障。这些外部资源和人才的会聚不仅能够推动县域经济的技术创新和产业升级，还能促进经济结构的优化和整体竞争力的提升。

（三）区域协同与城乡融合

区域协同是推动县域经济高质量发展的重要战略之一。全球化与区域经济一体化的背景下县域经济不再孤立发展，而是融入更广泛的区域经济网络中。通过加强区域间的合作与交流可以促进资源、技术、人才等生产要素的共享和优化配置，实现优势互补、协同发展。区域协同有助于打破行政壁垒，促进市场一体化，使商品、资本、信息等要素在更大范围内自由流动，提高资源配置效率；区域协同可以推动产业链上下游的紧密合作形成产业集群效应，提升县域经济的整体竞争力和抗风险能力；区域协同能促进科技创新的扩散与应用，加速产业转型升级，为县域经济的高质量发展提供持续动力。

城乡融合是县域经济高质量发展的另一重要维度，旨在推动城乡一体化发展，缩小城乡差距，提高城乡居民的生活水平。城乡融合不仅关乎经济层面的协调发展，更关乎社会层面的公平正义。城乡融合可以促进城乡基础设施的互联互通，提升农村地区的公共服务水平，改善农村居民的生活条件；城乡融合能推动城乡产业的协同发展，引导城市资本、技术、信息等要素向农村流动，促进农村经济的多元化和现代化；城乡融合能促进城乡居民在教育、医疗、文化等方面的共享，提升城乡居民的获得感和幸福感，为县域经济的高质量发展创造更加和谐稳定的社会环境。

三、未来发展的愿景与展望

（一）县域经济高质量发展的目标

县域经济高质量发展的首要目标是实现经济增长方式的根本转变，要从传统的资源消耗型、劳动密集型增长模式，转向创新驱动、绿色发展的新模式。这一转变要求县域经济在发展过程中不仅要追求经济增长的速度，更要注重经济增长的质量和效益。通过优化产业结构推动传统产业转型升级，培育新兴产业，形成具有竞争力的产业集群，为县域经济的高质量发展提供坚实支撑。要加强科技创新，提升产业链水平，推动产业向高端化、智能化、绿色化方向发展，实现经济增长方式的根本性变革。

创新驱动是县域经济高质量发展的核心动力。未来县域经济要实现高质量发展，必须依靠科技创新和人才培养。科技创新能够推动产业升级，提高生产效率，降低生产成本，增强县域经济的竞争力。科技创新能催生新兴产业，为县域经济带来新的增长点。人才培养则是创新驱动的基础，通过加强教育投入提高教育质量，培养一批具有创新精神和实践能力的高素质人才，为县域经济的创新发展提供源源不断的智力支持。要加强产学研合作，推动科技成果的转化和应用，促进县域经济的创新发展。

绿色发展是县域经济高质量发展的必由之路，推动县域经济高质量发展的过程中必须注重环境保护和可持续发展。通过加强环境监管严格执行环保法规，推动县域经济向绿色、低碳、循环方向发展。要大力发展绿色产业，如生态农业、绿色制造、清洁能源等，形成绿色产业体系，推动县域经济的绿色发展。要加强生态修复和保护，提升县域生态系统的质量和稳定性，为县域经济的可持续发展提供坚实的生态保障。

（二）创新创业生态系统的完善

在创新创业深入推进的背景下，县域经济要实现高质量发展，就要加强创新创业服务平台的建设，为创新创业者提供全方位、多层次的支持和服务，包括技术转移、成果转化、融资支持、法律咨询、市场开拓等关键环节。通过构建多元化的创新创业服务平台可以有效降低创业门槛，提高创业成功率。县域政府应加大对创新创业孵化器的投入，鼓励社会资本参与，形成政府引导、市场主导、社会参与的创新创业服务网络。加强创新创业服务平台之间的协同合作，实现资源共享、优势互补，为创新创业者提供更加便捷、高效的服务。

优化创新创业政策环境是完善创新创业生态系统的关键一环。县域政府应出台更加灵活、务实的创新创业政策，降低创业成本，激发市场活力。这包括提供税收优惠、资金补贴、创业贷款等政策支持，减轻创业者负担；放宽市场准入，简化审批流程，提高行政效率，为创新创业者创造更加宽松、便利的营商环境；加强知识产权保护，维护创新创业者的合法权益，营造开放包容、公平竞争的创新氛围。通过政策引导和支持激发全社会的创新创业热情，推动县域经济的高质量发展。

提升创新创业服务能力是完善创新创业生态系统的核心要求。县域政府应加大对创新创业服务人才的培养和引进力度，打造一支专业化、高素质的服务团队。这包括加强创新创业教育培训，提高服务人员的专业素养和服务意识；引入先进的创新创业服务理念和方法，提升服务质量和效率；加强创新创业服务机构的交流与合作形成服务合力，为创新创业者提供更加精准、高效的服务。通过提升创新创业服务能力吸引更多的创新创业人才和项目落地生根，为县域经济的高质量发展提供源源不断的动力。

参考文献

[1] 王圣军 . 乡村振兴战略背景下的乡村旅游发展研究 [M]. 北京：文化发展出版社，2024.

[2] 北京大学创业训练营 . 创业基础管理思维 [M]. 北京：北京大学出版社，2024.

[3] 胡拥军，单志广 . 未来产业变革 [M]. 北京：中国计划出版社，2024.

[4] 杨振宁 . 基于乡村振兴的农村精神文明建设研究 [M]. 北京：文化发展出版社，2023.

[5] 赵德文，李德光，马天发 . 乡村振兴与美丽村庄 [M]. 昆明：云南人民出版社，2023.

[6] 夏振鹏 . 乡村振兴背景下乡村文旅产业发展规划研究 [M]. 北京：文化发展出版社，2023.

[7] 付伟斌 . 文化治理与乡村振兴 [M]. 昆明：云南人民出版社，2023.

[8] 吴业苗 . 美好生活视域下乡村民生改善研究 [M]. 北京：北京大学出版社，2023.

[9] 杨斌 . 乡村振兴 奋斗有我 [M]. 长沙：湖南大学出版社，2023.

[10] 石高峰 . 文化人类学视野中的乡村振兴研究 [M]. 昆明：云南人民出版社，2023.

[11] 王丹 . 创业公司模式与公司法的适应性研究 [M]. 北京：中国政法大学出版社，2023.

[12] 王凤姣 . 乡村公共文化服务高质量发展研究 [M]. 北京：知识产权出版社，2023.

[13] 李政，钱松 . 创新创业概论 [M]. 苏州：苏州大学出版社，2023.

[14] 张耀辉，张树义，宋宇翔，等 . 创业基础 [M]. 重庆：重庆大学出版社，2023.

[15] 祝海波，陈洪华，罗匡，等 . 创新创业基础 [M]. 重庆：重庆大学出版社，2023.

[16] 蔡中华 . 创新教育与创业基础 [M]. 北京：人民邮电出版社，2023.

[17] 熊俐，朱田 . 创新与创业指导 [M]. 北京：人民邮电出版社，2023.

[18] 陈宏，牛玉清，周云 . 创新创业基础 [M]. 南京：南京大学出版社，2023.

[19] 刘婷 . 新型农业产业化经营组织发展模式研究 [M]. 北京：新华出版社，2022.

[20] 范逢春，谭淋丹，张天 . 县域社会治理现代化 [M]. 南京：江苏人民出版社，2021.

[21] 张松柏，张婧华 . 特色产业发展对策研究 [M]. 北京：光明日报出版社，2020.

[22] 寻舸，朱玉晗，尹洁．乡村振兴战略下农村创新创业的现状与对策研究 [J]. 农村经济与科技，2018，29（17）：276–278.

[23] 于仪．乡村振兴战略背景下创新创业型农业人才培养研究 [J]. 粮油与饲料科技，2025（1）：134–136.

[24] 杨晓．乡村振兴战略背景下陕南地区农民创业机制优化研究 [J]. 山西农经，2022，（19）：107–109，140.

[25] 张超．乡村振兴战略背景下县域数字经济发展路径研究 [J]. 决策探索（中），2021（4）：5–6.

[26] 淦宇杰．乡村振兴战略背景下的乡村创新创业研究 [J]. 理论探索，2021（6）：99–106.

[27] 张坤．数字经济带动县域发展转型升级 [J]. 中国市场，2023（31）：178–181.

[28] 姜丽婷．数字经济时代县域特色产业发展问题与对策研究 [J]. 全国流通经济，2024（18）：129–132.

[29] 江丽鑫．新经济形势下乡村振兴推动县域发展的路径研究 [J]. 科技经济市场，2023（11）：80–82.

[30] 黎斌．乡村振兴战略实施与县域特色金融发展研究 [J]. 现代金融导刊，2022（5）：24–27.

[31] 戈予翡，冯美茹，马杰，等．社会资本参与乡村振兴的路径研究 [J]. 智慧农业导刊，2024，4（11）：133–136.

[32] 朱斌斌，冯彦明．乡村生态振兴的长效机制探析 [J]. 农村金融研究，2019（1）：9–14.

[33] 敖明．乡村经济高质量发展在乡村振兴中的作用机制研究 [J]. 中国集体经济，2019（25）：2–3.

[34] 魏玮．多主体参与的河南省县域蔬菜产业发展研究 [D]. 郑州：河南农业大学，2024.

[35] 丁晓洋．新时代乡村文化治理路径研究 [D]. 长春：吉林大学，2024.

[36] 訾阳．乡村振兴背景下助农产品品牌设计与应用研究 [D]. 呼和浩特：内蒙古艺术学院，2024.

[37] 郭雯姝．乡村振兴背景下农村基层组织治理能力提升研究 [D]. 淄博：山东理工大学，2024.

[38] 郭点金．绿色乡村规划设计研究 [D]. 北京：北方工业大学，2024.

[39] 赵宇帆．县域数字政府效能评估体系研究与系统实现 [D]. 北京：北京邮电大学，2024.

[40] 李明锡．新时代乡村治理共同体建设研究 [D]. 长春：吉林大学，2024.

[41] 刘京 . 创业者领导力与创新行为：心理动机作用机制研究 [D]. 长春：吉林大学，2024.

[42] 郭小峰 . 我国数字经济对农业高质量发展的影响研究 [D]. 北京：中国社会科学院大学，2024.

[43] 张朝芬 . 乡村振兴背景下运城市村镇银行发展问题和对策研究 [D]. 淄博：山东理工大学，2024.

[44] 解明帅 . 乡村振兴战略背景下鞍山市南果梨产业发展对策研究 [D]. 大连：大连海洋大学，2024.

[45] 宋昉 . 山东农商银行国际业务客户满意度研究 [D]. 济南：山东财经大学，2024.

[46] 刘笑 . 数字乡村建设助力乡村产业振兴的作用机制研究 [D]. 西安：西安建筑科技大学，2024.

[47] 官小涵 . 乡村振兴过程中农村发展故事国际传播研究 [D]. 福州：福建农林大学，2024.

[48] 杨肖肖 . 乡村振兴战略下农村派出所服务型警务能力提升路径研究 [D]. 北京：中国人民公安大学，2024.

[49] 毛嘉莉 . 特色产业发展中地方政府职能履行问题研究 [D]. 蚌埠：安徽财经大学，2024.

[50] 李小雯 . 数字营商环境对创新创业质量的影响研究 [D]. 蚌埠：安徽财经大学，2024.

[51] 杨笑 . 税收竞争对区域创新创业能力的影响研究 [D]. 蚌埠：安徽财经大学，2024.

[52] 王涵铭 . 合法性视角下数字化场域制度创业对企业创新绩效的影响 [D]. 西安：西安理工大学，2024.

[53] 王鲁楠 .L 县域平台公司融资模式优化研究 [D]. 西安：西安理工大学，2024.

[54] 李国 . 重庆乡村产业振兴将迎万名“金白领”！ [N]. 工人日报，2025-03-28（007）.

[55] 杨飞 . 优化就业创业服务需多方发力 [N]. 陕西日报，2025-03-28（006）.

[56] 唐旭 . 提升乡村“颜值”擦亮振兴“底色”[N]. 农民日报，2025-03-28（007）.

[57] 陈蓉，李偲卉，卢瑛琦 . 乡村振兴搭上“快车道”[N]. 江西日报，2025-03-27（005）.

[58] 赵杨博，郭艳婷 . 激活乡村发展“一池春水”[N]. 陕西日报，2025-03-27（009）.

[59] 王峻峰 . 进化、均衡与崛起：县域经济的三种新动能 [N]. 江苏经济报，2025-03-27（A02）.

[60] 樊荣华，覃丽丽，何美清 . 改革激活乡村“一池春水”[N]. 来宾日报，2025-03-27（001）.

[61] 韩洁，杨志楠 . 我市乡村振兴图景越绘越美 [N]. 张家口日报，2025-03-27（001）.

[62] 樊明富，史猛 . 仁怀市县域经济发展势头强劲 [N]. 遵义日报，2025-03-27（005）.

[63] 张曦文 . 乡村振兴有“良方”[N]. 中国财经报，2025-03-27（008）.

[64] 贺勇，王梅 . 青海着力培育体现本地特色和优势的现代化产业体系 [N]. 人民日报，2025-03-26（001）.

[65] 汪思辰，邓卫哲，李红波 . 海南省乡村振兴电视夜校：点亮发展“灯火”助力乡村振兴 [N]. 农民日报，2025-03-26（003）.

[66] 王煜宇，刘建军 . 成县县域经济活力奔涌 [N]. 甘肃日报，2025-03-26（006）.

[67] 赵伟平 . 低空经济赋能乡村振兴如何突破“起飞难”[N]. 重庆日报，2025-03-26(008).

[68] 马丙宇，刘亚鑫，佘晓建 . 新乡县迈向乡村振兴“片区时代”[N]. 河南日报·农村版，2025-03-26（001）.

[69] 李德鹏 . 跨境电商赋能县域经济“侨乡明珠”加速链接全球市场 [N]. 汕头日报，2025-03-25（001）.

[70] 张崇宁 .2025 年，凉山县域经济如何竞速新赛道？[N]. 凉山日报（汉），2025-03-25（005）.

[71] 胡敏，侯东 . 剑阁：续写着县域经济高质量发展新篇章 [N]. 四川经济日报，2025-03-24（001）.

[72] 冯倩，王怡，牟绍莉，等 . 为创业创新营造优良环境 [N]. 贵州日报，2025-03-19(012).

[73] 赵强 . 全面打造创新创业的科技金融生态 [N]. 深圳特区报，2025-03-19（A05）.